# 2023
# "Nebenbeitexte"
# von Rolf Gänsrich

## *Vorwort gefällig?*

*Das hier sind wieder einmal die "Nebenbeitexte", also die, die entweder direkt fürs Radio geschrieben wurden, welche, "die mich fanden" und Texte die einfach so passiert sind, als Ausarbeitungen für andere, als Ideen oder Anregungen für neue Essensgerichte und vieles mehr. Interessant sind mit Sicherheit für einige Leser von Ihnen die drei abgelehnten Textfassungen für meinen Mai-Artikel. Im übrigen sind nur diese zeitlich nicht chronologisch hier veröffentlicht, weil ich sie ursprünglich anderweitig verwenden wollte.*

*Und da bin ich auch schon bei dem, was sonst noch von mir in diesem Jahr geschrieben wurde. Fertiggestellt und veröffentlicht wurde der zweite Teil meiner Zeitreisentrilogie, deren dritter Teil wurde begonnen. Es wurde eine Kriminalnovelle verfasst, die ich nur deshalb noch nicht fertig ist, weil das Verfahren im realen Leben, den diese Novelle beschreibt, noch nicht abgeschlossen ist. Die Texte zu meiner Rockradio-Serie "Filme die man mal gesehen haben sollte – kein Filmlexikon!", sammel ich fleißig weiter, wie auch meine Zeitungsartikel und ich habe ein Kinderbuch begonnen. Insofern ist da noch einiges im Brutkasten, und ich bin neugierig, was im nächsten Jahr so alles "nebenbei" an Texten abfällt.*

*Auf ein Inhaltsverzeichnis verzichte ich hier ausnahmsweise, möchte aber bei Rechtschreibung und Grammatik wie immer darauf verweisen, dass es derer drei Arten gibt, die alte, die neue und meine.*

*Rolf Gänsrich am 29.12.2023*

*Strom sparen mit E-Mails* [1]

In der ARD-Sendung Brisant wurde letztens darauf hin gewiesen, war für einen großen, ökologischen Fußabdruck doch das Versenden einer E-Mail verursacht und man möge doch bitte das versenden eigener E-Mails nach Möglichkeit reduzieren.

Tja, liebe Brisant-Leute ich weiß ja nicht, auf welchem Planeten ihr lebt, aber rund 95 % der E-Mails die ich bekomme, sind Spam-Mails von Firmen.

*

*Energiespartipps für den Haushalt* [2]

- hat man ein Schlafzimmer, so braucht dies nicht beheizt zu werden – selbst bei Minus-Graden draußen liefert die Zentralheizung noch so viel Energie, dass es im Zimmer nicht gefriert – hat man nur ein einziges Zimmer, so sollte man etwa eine Stunde vor dem zu Bett gehen die Heizung ausschalten – in beiden Fällen ist eine zweite Decke über der Bettdecke und eine Wärmflasche fürs Kreuz die bessere und preiswertere Alternative zum heizen
- das Aquarium im Zimmer braucht keine Heizung, denn es nimmt nach kurzer Zeit die Zimmertemperatur an – ist das Wasser etwas kälter, bindet es mehr Sauerstoff, die Fische

1 ... geschrieben für OKbeat am 5.1.2023

2 ... aufgeschrieben, nachdem mir GASAG und Vattenfall trotz höherer Preise von meinen gezahlten Abschlägen sogar noch Geld zurück gezahlt haben.

bewegen sich weniger, verbrauchen deshalb auch weniger Futter
- den Backofen nicht vorheizen, statt dessen die Gerichte (Pizza z.B.) schon eine Stunde (bei Schalengerichten oder Fisch zwei Stunden) vorher aus dem Tiefkühler nehmen und bei Zimmertemperatur antauen
- den Backofen bereits zwei bis drei Minuten vor der angegebenen Backzeit ausschalten und das Gericht bei geschlossener Ofentür noch fünf Minuten nachgaren lassen
- den Fußboden am eigenen Arbeitsplatz in der Wohnung rund um die Füße mit einer ISO-Matte auslegen
- konsequent Energiesparleuchten benutzen
- in den Räumen oder Raumteilen in denen man gerade nicht ist, das Licht löschen
- den Computer, wenn man an ihm gerade nicht arbeitet, weil man eine Pause macht oder was isst oder man eine Runde um den Block läuft oder kurz einkaufen geht, nicht komplett ausschalten, sondern nur auf "Energie sparen" umstellen
- Wäsche von Hand waschen – handwarmes Wasser reicht dabei
- Geschirr nur handwarm abwaschen
- auf Geschirrspühlmaschiene wenn möglich verzichten
- manuelle Handkaffeemühle nehmen und auf Kaffeemaschinen aller Art verzichten

*Bea & Flori*[3]

Mein Kopfschüttler der Woche fand am Samstag in der ARD statt. Beatrice Egli und Florian Silbereisen trällerten gemeinsam "Tausend mal berührt".

Das weckt Neugier! Haben die was miteinander?

Aber nein, ich möchte mir dann doch nicht vorstellen, wie bei Beatrice Egli und Florian Silbereisen nichts passiert ist. Und wenn da nichts passiert ist, was ist denn da nicht passiert? Oder ist da was wie bei passierten Tomaten passiert?

*

*Kuckuck*[4]

am 20./21.1.2023


Kräht der Hahn am frühen Morgen,
will er Körner bei dir borgen


„Guten Morgen.", bellte leise der Hahn auf seiner Stange, als die Henne mitten in der Nacht das Hühnerhaus verließ und krähend den Misthaufen bestieg. „Du bringst ma noch mein'n janzen, juten Ruf in Verruf, durch deine blöde Kräherei.", I-A-te er.

„Na und wenn du dir nich regst, muss icke eben den Bauern und seine blöde Pute wach machen! Ick hab Kohldampf!", krähte die Henne.

Der Hahn hob müde und schlaftrunken seinen Kopf aus den Federn. „Die Pute is wieder beim Bauern?

---

3 ... aus OKbeat vom 19.1.2023

4    ... ad hoc geschrieben für eine Frühlesung am 28.1.2023 um 6.30 Uhr in einem Kiezbüro der SPD

Keen Wunder, wenn die olle ständig mit Pfauenfedern vor ihrem Ganter herumstolziert. Der arme Ochse is schon so fertig, dass er sich ständig 'ne andere Mieze zum besteigen sucht, damit er mit seine Hormone klar kommt."

„Der Puter besteigt die Mieze!", krähte das Huhn aufgebracht. „Sodomie, sag ich nur, Sodomie.", schnaufte der Hahn. Bevor er seinen Kopf wieder unter seine Flügel steckte, seufzte er noch „Alles Rindviecher, in diesem Saustall."

Als die Henne oben auf dem Mist erneut den Mond ankrähte, machte es in der Hecke am Gartenzaun plötzlich ganz leise: „Kuckuck – Kuckuck – wo bist du denn?" Die Henne erstarrte mitten im Gekräh, schaute in die Richtung, aus der das „Kuckuck" gekommen war und blicke in ein fern leuchtendes Auge. Sie krähte erneut und siehe da, wieder bekam sie als Antwort: „Kuckuck – Kuckuck – wo bist du denn?" Ein anderes Auge erspähte sie. Und wieder krähte das Huhn und wieder kam: „Kuckuck – Kuckuck – wo bist du denn?"
Nur war es dieses mal näher bei ihr.
Der Ruf eines Käuzchens hallte mit seinem „Hu-huu – hu-huu" durch die tiefe Nacht und entfernte sich dabei. Und da war es wieder: „Kuckuck – Kuckuck – wo bist du denn?"
Noch bevor die Henne erneut krähte, rasselte es am Fuße des Misthaufens. Ein Igel hatte sich eingeigelt, denn er kannte das „Kuckuck – Kuckuck – wo bist du

denn?" bereits von einer Begegnung von vor einigen Wochen mit diesem „Kuckuck" und war froh, sich damals nicht eingehaselt, sondern wie heute eingeigelt zu haben.

Die Henne krähte den Mond wieder an und dieses mal sah die Henne, als sie auf die Antwort wartete, plötzlich in zwei grün-orange farbene, glühende Augen.

„Kuckuck – Kuckuck – da bist du ja!", grinste der Fuchs, bevor er der verblüfften Henne die Gurgel durch biss.

Die Sonne stand schon hoch am Himmel, als das Leben auf dem kleinen Bauernhof an diesem Morgen erwachte. Alle hatten sehr tief, sehr lang und vor allem endlich einmal gut ausgeschlafen. Als der Hahn auf dem Weg zu seinem Misthaufen, wo er gleich krähen würde, an der Hecke vorbei kam, zwinkerte er dem sich gerade noch seine Lefzen leckenden Fuchs, der jetzt sein fettes Mahl verdauen würde, kurz verschwörerisch zu und murmelte dabei leise in seinen Hahnenkamm hinein, damit ihn niemand hörte: „Ich habs doch immer gesagt: früh aufstehen lohnt sich nur für Füchse."

*

*Terra Nova – Staffel 2*
3.2.2023
Die vom amerikanischen Sender Fox 2010 / 2011 produzierte TV-Serie "Terra Nova", 13 Folgen á 45 min, wurde nach der ersten Staffel bereits wieder

eingestellt, weil diese Serie Fox zu teuer wurde. Leider ist am Ende der letzten Folge ein Cliffhanger für eine mögliche zweite Staffel der Serie eingebaut, die allerdings, wie gesagt aus Kostengründen, nie gedreht wurde. Ich hab mir überlegt, wie diese ungedrehte zweite Staffel aussehen könnte. Hier mein Plot:

Die Sixer reisen mit den Bösen in dieses Outback von dem laufend die Rede ist. Die Terra-Nova-Kolonie baut sich wieder auf. Unter die Sixer ist aber ein Spion von Terra Nova eingeschleust worden und berichtet weiter. Terra Nova tut alles, damit die Bösen und die Sixer das Outback erreichen, denn in Terra Nova weiß man, was im Outback ist. Und so kommt es wie vermutet. Im Outback liegen ungeheure Reichtümer an Gold und Edelsteinen, denn dies ist ein Zeittunnelausgang, der im Bermudadreieck liegt und so finden sich hier die ehemaligen Schatzschiffe der einstigen spanischen Armada, aber auch die Titanic u.a. Zuerst entbrennt ein Streit zwischen Sixern und den Bösen um die Schätze, obwohl genug für alle da ist. Dann entbrennt ein Streit um die wenigen Frauen, die letztlich mit Hilfe des Spions von Terra Nova dorthin flüchten können und die Bösen und die Sixer verlassen. Schließlich entbrennt ein Streit um die wenigen Lebensmittel und um das Wasser im Outback. Dabei wird ein Riss im Raum-Zeit-Kontinuum geöffnet. Durch einen Solarsturm werden darauf hin die letzten Überlebenden der Sixer und der Bösen nach 1500 Jahre vor Christi versetzt, sie kommen aber nicht im Bermudadreieck an, sondern landen abgeschnitten und ohne Technik auf der Insel Pitcairn, wo sie sich aus Nahrungsmangel zu Kannibalen an ihren eigen Leuten werden und schließlich auf natürliche Art verschwinden. Die neuen Frauen in Terra Nova schließen sich denen an. Diese Kolonie ist schließlich die Keimzelle für Atlantis, denn diese Kolonie überlebt mit insgesamt nur zweitausend Menschen bis in die Neuzeit auf einer Insel auf dem Mittelatlantischen Rücken.

Würde ich so drehen.

*

*Aus OKbeat 1066 vom 16.2.2023[5]*

Gruß nach dieser Wahl mal von der Basis an den eigenen Verein: Klebt doch nicht so an euren Stühlen. Ich würde jetzt die CDU am Nasenring von den Grünen durch die Stadt ziehen lassen. Das täte zwar Berlin überhaupt nicht gut, aber der Bürger würde dann endlich mal verstehen, dass nicht die SPD an allem Übel auf der ganzen Welt schuld ist. Letztlich kann die Stadt aber noch von Glück reden, dass die Menschen nur CDU und nicht AfD aus Protest gewählt haben.[6] Ton-Steine-Scherben ergänzen meinen kleinen Wahlkommentar.

*

Also mit der Ökonomie ist es doch so: Warum soll ich neue Wohnungen bauen, wenn ich mit den bestehenden Wohnungen immer mehr und mehr Geld verdienen kann. Deshalb hilft nur ein Mietendeckel, denn um dann noch mehr Geld mit Wohnungen zu verdienen, müsste ich neu bauen.

Warum soll ich E-Autos entwickeln, wenn ich mit Verbrennern noch gut verdienen kann. Also müsste der Staat auf Verbrenner sehr hohe Steuern erheben, um den Absatz von E-Autos zu fördern.

---

5 Das war die erste Sendung 2023 in der ich keinen Gast hatte, sondern mal seit Januar angesammeltes, bissiges Material senden konnte

6 Lediglich dieser und der nächste Satz wurden von mir tatsächlich in der Sendung aufgesagt. Um mir nicht mein gutes Verhältnis zu den Grünen zu beschädigen ließ ich die ersten beiden Sätze weg

Warum sollte ein Pharmaunternehmen statt richtiger Medikamente nicht homöopathische Mittel herstellen, bei denen der Materialeinsatz neben Wasser nach Null hin geht, anstatt teuer Rohstoffe für Ibuprophen oder Hustensaft auf dem Weltmarkt zu kaufen.

*

Alle Kinder haben wenig Geld. Nur nicht Ingo, der spielt Bingo.

*

Das Schöne am älter werden ist, dass die Menge an Alkohol, die man braucht, um sich ordentlich einen anzuzwitschern, immer geringer wird. Früher hab ich mindestens eine halbe Flasche Whisky und 'ne Hand voll Biere gebraucht, heute reichen mir zwei Becher Gin Tonic.

Auch das schön saufen der Frauen geht heute schneller. Ich brauche heute nicht mal mehr Alkohol dazu. Frauen sind mittlerweile alle schön.

*

Warum hat es für Neutronen keinen Zweck, ad hoc mal den Bundeskanzler zu besuchen? Na der empfängt nur geladene Gäste.

*

Die halbe Welt regt sich gerade darüber auf, dass seit Anfang Februar Insekten, als Mehl oder in Gänze, als Nahrungszusatz in der E.U. zugelassen sind. Na durch irgendwas müssen wir ja das ukrainische Weizenmehl, das wir gerade nicht bekommen, ersetzen. Grillen haben ja schließlich auch eine grüne Farbe, das heißt, sie sind vegan.

Nein, aber mal ehrlich, wisst ihr, woher die rote Farbe in Rhabarber-, Erdbeer- und Kirschsaft stammt? Aus Schild-läusen, ... schon seit Jahrzehnten! ... Das sind übrigens dieselben Läuse, aus denen man einst Schallplatten aus Schellack hergestellt hat.

Jahrzehnte lang haben wir Maden in Schiffszwieback, Maden in eingeweckten Kirschen, Kakerlaken-Eier im Brot,

Schwalbennester aus Schwalbenspucke, Quarkersatz aus Hühnerfedern gegessen und Leder das mit menschlichem Urin gegerbt wurde getragen. ... und plötzlich ... naja ...

Egal, wir liefern erstmal Panzer in die Ukraine. Deutsche Panzer in der Ukraine kann zwar kein ukrainischer Soldat bedienen, auch gibt's nicht genug Munition dafür, aber vielleicht kann man ja aus den deutschen Panzern in der Ukraine Barrikaden bauen, über die keine russische Drohne mehr drüber geflogen kommt.

*

Wenn bei Sonne der rote Capri im Meer versinkt ...

... nein ... ähm ...

Wenn der Capri bei roter Sonne im Meer versinkt ...

... Entschuldigung ...

Wenn im Meer bei Sonne der rote Capri nicht mehr singt ...

*

Dass Autofahrer mittlerweile sehr aggressiv auf Klima-Aktivisten einprügeln verdanken wir meiner Meinung nach einem Verlagshaus, das schon immer für Unfrieden in der Gesellschaft sorgte und dem ich durch seine unseriöse und auf Effekthascherei ausgerichtete gezielte Desinformations-politik der weniger gebildeten Bevölkerung unseres Landes auch die Gründung der AfD zuschreibe. Die Zentrale dieses Medienkonzerns ist übrigens nicht weit von hier, in Kreuzberg.

*

Die häufigsten Leute auf den Wahlpartys sind die, die sich im Wahlkampf am wenigsten haben sehen lassen.

*

Glenn Miller Orchestra direkted by Wil Salden – Live-Aufnahmen von 2006 – das Flugzeug, mit dem am 14. Dezember 1944 der Bandleader Glenn Miller von London nach Paris flog, verschwand aus bis heute ungeklärten Ursachen über dem Ärmelkanal.

In den frühen 1950er Jahren imitierten diverse Bandleader wie Bob Chester wie auch weitere Bigbands Millers Stil, indem die Klarinette den Saxophonsatz führt. Dies wie auch die Tatsache des Erfolgs des Films die Glenn Miller Story führte dazu, ein neues ziviles Glenn Miller Orchestra zu gründen, diesmal unter der Leitung des Jazz-Schlagzeugers Ray McKinley. Diese 1956 entstandene Band bildet heute das offizielle „Glenn Miller Orchestra" in den Vereinigten Staaten, aktuell unter der Leitung von Nilk Hilscher. Für das offizielle europäische „Glenn Miller Orchestra" ist der niederländische Jazzmusiker Wil Salden verantwortlich, für das „Glenn Miller Orchestra" in England Ray McVay. Das skandinavische Glenn Miller Orchester unter der Leitung von Jan Slötternäs gibt es seit 2001. Bis heute dürfen nur diese vier Orchester die originalen Arrangements von Glenn Miller spielen. Die Lizenzen werden von der Glenn Miller Productions Inc. verwaltet. Sie entscheidet auch darüber, welches Orchester wann und wo spielen darf, und kontrolliert die rechtlichen und finanziellen Angelegenheiten.

*

*Drachikus*
26./27.2.2023


Es sagte der Drache Drachikus
zu seinem Freund dem Humukus"
"Ich lasse erstmal einen fahren,
bevor wir uns die Ritter garen."

Darauf sagte der Humukus:
"Ich hab gerade keinen Abakus,
doch solltest du Ritter nicht garen,
ohne das Spiel von Fanfaren!"

So fuhrs dem Drachikus laut in die Tröte,
Sein Furz war zu hören bis hin zur Abendröte,
das war'n seine Fanfahren,
um sich Ritter zu garen!

*

[7]Also die Demo von Sarah Wagenknecht und Alice Schwarzer am letzten Samstag ja in allen Ehren und sicherlich auch voll hehrer Absicht, aber wenn ich mich recht entsinne, wurden letztes Jahr noch diplomatische Versuche bis einen Tag vor dem russischen Angriff auf die Ukraine gemacht.

Wenn jemand nicht verhandeln will, kannste mit dem nicht verhandeln.

Wenn der Gauner auf deinen Kumpel neben dir unbedingt einstechen will, kannste mit dem nicht verhandeln, ... so ... ach, stich mal nicht vierzehn mal in seinen Brustkorb, sondern nur acht mal in seinen Bauch und zweimal in seine Halsschlagader. Nee, der sticht einfach, egal wohin. Und du selbst kannst dann entweder deinem angegriffenen Kumpel deine Pistole geben, damit der sich wehren kann, du kannst den Gauner selber angreifen oder und das versuchen Sarah

---

7   Der Text sollte ursprünglich in den 1068. OKbeat am 2.3.,
    war mir dann aber zu lang und so wurde er nur in der 433.
    Ausgabe von pommes rot weiß am 28.2. gesendet

Wagenknecht und Alice Schwarzer, du kannst selber mit auf deinen Kumpel einstechen, damit der nicht ganz so lange leidet. Das Problem bei der Sache ist: wenn der Gauner deinen Kumpel getötet hat, hat der Gauner dann genug oder bist du sein nächstes Opfer? Angst vor Atomkrieg! Ja und? Interessiert das irgendwen im Universum? Was würde man auf Alpha Centrauri zu einem Atomkrieg auf der Erde sagen? ...

*

[8]Mal ein Gruß an Sarah Wagenknecht und Alice Schwarzer, Russland will erst über Frieden verhandeln, wenn es die gesamte Ukraine eingenommen hat, danach Polen überrannt hat, Deutschland, denn von hier kamen ja mal die Nazis, kapituliert hat und Frankreich, die Beneluxländer, Spanien und Portugal sich ergeben haben. Frühestens dann wird Russland eventuell zu Friedensverhandlungen bereit sein, denn dann braucht Russland nicht mehr zu verhandeln.

*

[9]Ein sehr eigenartiges Erlebnis hatte ich am Sonntag. Damit ich es nicht vergesse, hab ich es mal kurz aufgeschrieben. Es war auf dem letzten Drittel meiner Führung am Kollwitzplatz, als ich mich plötzlich, aus heiterem Himmel, für ein bis zwei Sekunden komplett orientierungslos fand und ich mitten im Laufen plötzlich für einen Augenblick nicht wusste, wo ich war oder was ich da machte.

---

8  Der wurde statt dessen im 1068. OKbeat gebracht
9  Gesendet am 28.2. in der 433. Ausgabe Pommes ...

Im nächsten Moment seh ich mich von oben, so aus etwa zehn Metern Höhe, wie ich mit der Gruppe anhalte und sehe mir von dort oben selbst zu, wie ich der Gruppe an dieser Stelle wieder ein paar kleine Details zum Kollwitzkiez erzähle.

Dann gehe ich weiter und erst bei diesem Gehen gleitet quasi mein Geist wieder ganz, ganz langsam zurück in meinen Körper hinein, aber ich habe das Gefühl, als wäre der Körper um mich herum zu groß, als sei er nicht meiner und als sei er wie ein drei, vier Kleidergrößen zu großer Mantel. Ich hab aber die Führung ganz normal bis zum Ende machen können und das waren da noch gute zwanzig Minuten. Als ich vom Endpunkt der Führung bis zum Tourbeginn in der U-Bahn zurück gefahren bin, dann noch auf dem Motorroller heim gefahren bin und eine Stunde lang dann zu hause, hatte ich dieses komische Gefühl.

Seit achtzehn Jahren nicht kein Nikotin, seit neunzehn Jahren nicht mal mehr 'n Joint, keine anderen Drogen, Alkohol das letzte mal eine halbe Flasche Piccolo zu Silvester. Tja, was war das jetzt? Die ersten Anzeichen einer Demenz?

*

Ein kleiner Lückenbüßer für diese halbleere Seite. Der lückt für Büßen, obwohl er nie gelückt hat. Wäre er statt dessen gelockt, könnte man ihn zumindest als Perücke büßen lassen. So ist das Leben.[10]

---

10 ... am 31.1.24 als Lückenbüßer entstanden, nachdem ich in der Endbeabeitung des Buches gemerkt hab, wie doof eine halbleere Seite aussieht.

*Mitten in der Nacht*
am 9.3.2023[11]


Wieder einmal eine einsame Nacht. Vermutlich eine von 365 einsamen Nächten in diesem Jahr.
Die ersten Zeilen bringe ich zwischen Wachen und Schlafen noch von Hand zu Papier, um nicht Text und Idee im Schlaf zu vergessen. Der Computer ist schon lange aus und es lohnt sich nicht, ihn deshalb extra anzuwerfen. Der gute, alte Desktop-PC braucht eine glatte Viertelstunde zum hochfahren und bis dahin ist vermutlich die Idee wieder aus meinem Kopf. Und eigentlich will ich ja jetzt auch schlafen.

Einzig das Licht im Kühlschrank scheint ewig an zu sein. Auf dem Nachttisch neben meinem Bett liegen eine begonnene Tüte Erdnüsse, ein paar Gummibären und die Fernbedienung für den Fernseher. Der Fernseher ersetzt die noch nie vorhandene Nachttischlampe.

Im Bett schlafe ich auf links. Falls ich doch mal halb auf den Rücken rutsche, beginne ich zu schnarchen, ... so laut, dass ich davon oft selbst wach werde. Etwa zweimal pro Nacht versuche ich mich auf die rechte Seite zu drehen. ... zu wälzen.

---

11 ... um 1.05 Uhr erste Hälfte von Hand geschrieben, ab 11.05 Uhr am PC vervollständigt - Handmanuskript am Ende des Buchs und z.T. auf dem Titelbild

Gut zweieinhalb Zentner auf einer Breite von nur 80 cm um 180 Grad herum zu wälzen, ist anstrengend, macht wach und geht nicht ohne Stöhnen.

"Oach ... alter Mann!" Nach der Drehung auf rechts ist plötzlich die Nase zu und ich muss mich zunächst zurück auf die andere Seite wälzen, um an das Meerwassernasenspray heran zu kommen, die Nase zu durchspülen, auszuschnauben und mich erneut, nun auf rechts abzulegen.

Gefühlt zwei Minuten später werde ich erneut wach, weil ich wohl auf links doch besser schlafe. Also alles mit gewaltigem Stöhnen zurück auf die linke Seite. Na toll. Nun ist das andere Nasenloch verstopft. Im Halbschlaf nehme ich das Spray und schnaube anschließend.

Noch immer ist die Nacht einsam.
Keine Ahnung, wie spät es ist.
Der Fernseher ersetzt nicht nur die Nachttischlampe, sondern auch die Uhr.
Fernseher an.
Kurz nach 3 Uhr.
Wach!

Nun irgendwas anschauen, was mich müde macht. Da ich die kommerziellen Sender nicht bezahlen will, bleiben fast nur die Nichtkommerziellen und die Doku-Sender.

Hitler, Speer, Zweiter Weltkrieg, Nazis, Holocaust, in aller Freundschaft, verbotene Liebe, Tatort, Soko, in aller Freundschaft, verbotene Liebe, Tatort, Tatort, Tatort ... aber da, endlich Beruhigung ... Tiere sind immer gut. Während sich Marder im deutschen Wald paaren, drifte ich in den Schlaf und werde bei Hitler und Speer im Zweiten Weltkrieg wieder so wach, dass ich den Fernseher aus mache.

Einsame Nacht. Eine Tüte Erdnüsse auf dem Nachttisch, Eiscreme im Kühlschrank.
Mit einer Backentasche voll Gummibären und davon in den Mundwinkeln verklebendem Speichel werde ich wieder wach, wälze mich auf die rechte Seite, wälze mich auf die linke Seite.
Wie schön wäre doch jetzt ein Frauchen im Arm, oder wenigstens in Fühlweite, ihrem Schnarchen lauschen, über ihre Haut streicheln.
Rechte Seite, linke Seite, Erdnüsse, Fernseher. ...

Die Elstern machen in der Linde vor dem Fenster Radau! Im Fernseher Harriet, Mirjam, Sara im MoMa.
Ich kann wohl aufstehen.
Endlich ist eine weitere einsame Nacht vorbei.

*

[12]Ick muss heute ma meene urberliner Kodder-Schnauze auspacken. Berlin Klimaneutral bis 2030 ... so'n Humbug! Wie soll'n det jehn? Kriejen wir dann

---

12 ... nur den Satz "Wer soll das bezahlen" am 16.3. im 1070. OKbeat gesendet, komplett erst bei Rockradio am 21.3.

alle Aluhütchen uff die Omme und Kabel inne Ohrn und erzeujen wa dann, immer wenn wa durch die Sonne latschen Strom, oder wie? Uff jedet Dach Windmühlen und Sonnenkollektoren? Wer soll det bezahlen? Und dann, Leute, wir brauchen Wohnungen und mir is et lieba, wir verdichten hier mitten inne Innenstadt nach, als det im sojenannten „Speckgürtel" weitere Landschaft jrosflächich mit Eijenheime zujepflastert wird. Lasst uns besser Brandenburgs Wälder erhalten und dafür Berlin nachverdichten. Und lasst uns verdammt noch mal endlich Brachen wie am Pankower Tor dicht und hoch bebauen!

Berlin Klimaneutral bis 2030, det schafft keen Aas, also lasst die Pfoten davon. Det Zahlen am Ende nur die Mieter und die zahlen druff!

*

[13]Die Beatles wurden ja immer als Pilzköpfe bezeichnet. Erst gestern ging mir auf, dass Ex-Bahn-Chef Hartmuth Mehdorn Beatles Fan gewesen sein muss, denn bei der Neuanlage der Bahnanlagen in Berlin entwickelte er das sogenannte Pilzkopfprinzip und ging vom Ringbahnkonzept weg.

Berlin, die Stadt mit einem Pilzkopf!

*

Ach wie schön ist es doch, wenn man so herrlich verallgemeinern kann. Das schafft wenigstens klare Feindbilder und das gute Gefühl, immer auf der richtigen Seite zu sein.     *

---

13  Gesendet am 14.3.2023 in Rockradio

Wenn es so schön lange hell ist, wie jetzt, hab ich wenigstens lange genug Licht beim Nichts tun.

*

Momentan fliegt wieder die polnische LOT verstärkt in Berlin. Die polnische LOT landete vor allem in den 60er und 70er Jahren oft unplanmäßig in Berlin Tempelhof, wenn polnische Bürger solche regulären Passagiermaschinen für ihre Flucht in den Westen kaperten. Die Berliner tauften darauf hin die LOT in "Landet ooch Tempelhof" um.
Also derzeit fliegt die LOT wohl wieder verstärkt in Berlin, weil ... ... ... ... ... ach das heißt gar nicht Polenflugvorhersage, sondern Pollenflugvorhersage. Und warum sagt mir das keiner? Muss ich jetzt niesen?

*

Hertha braucht trotz neuem Trainer Pal Dardei kein neues Stadion im Olympiapark, sondern bald nur noch einen Bolzplatz auf einem Hinterhof am Wedding.

*

Dieses ständige "auf zeitliche Effizienz getrimmt sein" finde ich fürchterlich. Musste am Montag mit meinem alten Saufkumpel Udo nach Potse. Er fuhr seinen Kleinwagen und nahm sein Navi zu Hilfe. Ick sage: warum fährst du eigentlich nicht einmal quer durch die Stadt, das sind dann höchstens siebzig Kilometer insgesamt für hin und zurück! Und was macht Udo? Weil er zehn Minuten an Fahrtzeit sparen will, ist er mit mir einmal rund um Berlin auf der A 10 gegurkt.

Sind statt 70 gute 210 km gewesen, der dreifache Weg und mindestens zehn Liter Sprit mehr, aber wir sparten ja 10 min Wegezeit. Ich kann die Klimakleber an den Autobahnauffahrten verstehen!

*

Mal in ganz eigener Sache. Am Sonntag lief im heute -journal im ZDF ein Interview mit der künstlichen Intelligenz. Wenn wir mal wenigstens alle natürliche Intelligenz besäßen, dann würde nicht das dabei heraus kommen, was in mancher Zeitung steht.

*

*Pflücksalat – Zubereitung (14.6.2023)*
Den Salat waschen und abtropfen lassen. Eine Hand voll Cherrytomaten vierteln und dazu geben. Etwa genau so viel durchwachsenen Speck würfeln und in Oliven- oder Rapsöl ausbraten. Dazwischen den Salat mit Aromat / Fondor und etwas frisch gemahlenem Pfeffer bestreuen. Den fertigen Speck mit dem Öl aus der Pfanne darüber geben. Eine Prise Zucker zwischen zwei Fingern darüber streuen und je einen Schluck frisches Öl und Balsamico-Essig über das ganze träufeln. Alles eine halbe Stunde stehen lassen. Kurz vor dem Verzehr noch zwei Esslöffel gehobelten Parmesan darüber reiben.

*

Wissenschaftlich bewiesen ist, dass jeder Mensch ein zeitliches Kontingent für seine zu erledigenden Wege hat. Das liegt bei gut anderthalb bis knapp zwei Stunden. Mit allem, was zeitlich darüber hinaus geht, geht der Mensch unwirsch um.

Erledigt der Mensch seine Wege in kürzerer Zeit und sein Zeitkontingent ist noch nicht ausgeschöpft, erledigt er weitere Wege oder fährt spazieren.

Im Normalfall kommt der Mensch in dieser Zeit von A nach B. Verbessert sich seine Geschwindigkeit und er ist durch neue Straßen schneller an Punkt B, fährt er nun weiter bis zum Punkt  C, denn sein Zeitkontingent ist ja noch nicht ausgeschöpft. Auch die Leute, die bisher nur von Punkt C zu Punkt B gefahren sind, werden nun durch die besseren Straßen weiter bis zum Punkt A fahren, um ihr Wegezeitkontingent auszuschöpfen. Das heißt, neue, bessere Straßen ziehen nicht den Verkehr aus ihrer Umgebung ab, sondern sie erhöhen ihn weiter.
Merkt man bei der A 10! Erst zwei Spuren je Richtung, dann drei, mittlerweile reicht nicht einmal mehr die vierte Spur. Diesem Irrsinn kann man nur durch einen verbesserten ÖPNV begegnen und durch den Nichtbau von Autobahnen.
Außerdem ist die sogenannte Osttangente, zu der der Weiterbau der A 100 gehört, eine alte Westberliner-Planung aus den frühen 1960er Jahren, als man die Straßenbahn als Verkehrsmittel noch abschaffte und Autobahnen parallel zur S-Bahn baute, für die Autogerechte Stadt.

*

Mal ein Hinweis in ganz eigener Sache!
Radio machen ist nicht ungefährlich!
So haben einige, wie ich zu hause oder so wie bei alex-

berlin, extra Galgen in ihren Studios, an denen zwar nicht die Moderatoren, dafür aber die Mikrophone aufgehängt werden.

*

Alles wird teurer. Nur eines wird billiger! Meine Witze!

*

Vielleicht braucht sich manche Freundschaft mit den Jahren auf?

*

„Also Herr Waldmeister, ich bin doch auf meinem Moped nur deshalb mit Vollgas durch die dreißiger Strecke vor der Schule gebrettert, um das Risiko für die Kinder zu minimieren. Sehen sie, je schneller ich da durch bin, um so weniger Zeit vertrödel ich da und um so ungefährlicher wird es für die Kinder! Wenn ich da wie ein geölter Blitz durchfahre, sehen mich die Gören ja gar nicht erst und kommen somit auch nicht mit mir ins Gehege. Ist doch vollkommen logisch, oder? Deshalb, je schneller ich durch die dreißiger Zone fahre, um so ungefährlicher ist es für die Kinder.

*

Liebe rauchende Autofahrer. Ich finde es immer wenig nett, wenn mir bei der Fahrt eure Zigarettenasche in die Fresse fliegt. Benutzt doch bitte die Aschenbecher in euren Autos. Dafür sind die schließlich da.

*

Putin gestern, Zitat: „Die Ukraine hat es praktisch nie gegeben." Zitat ende. Putin morgen: „Deutschland war schon immer ein Teil Russlands."

Werbung! Kotzi, das neue Brechmittel! Kaufen Sie Kotzi! Würgedauer mindestens bis zur nächsten Mahlzeit! Na dann, guten Appetit mit Kotzi![14]

*für 15. Kulturtag am 7. Oktober 2023 der Bürgerinitiative Blankplatz, geschrieben am 5.7.2023*
*Was ich für Erinnerungen an den 7. Oktober habe*

Hintergrund: Ich hab im Großhandel Buchhaltung gelernt. Deshalb kannte ich in allen Großhandelsbetrieben Berlins irgendwelche Leute. Das half mir, als ich ein Jahr nach meiner Lehre in den Einzelhandel gewechselt bin.

Im Jahr 1985, 1986 wurde das wiederholt, bekam die "Geschosswerfer-Abteilung 1", kurz GEWA-1, der NVA, bei der ich im "Stabsführungszug" als "Vermesser" seit dem 2. Mai 85 (bis zum 31. Oktober 1986) meinen Grundwehrdienst ableistete, die Aufgabe das "Große Stabsmusikkorbs der NVA" zur Militärparade am 7. Oktober zu versorgen.

"Stabsführungszug" heißt, wir waren direkt den Offizieren im Stab unserer Einheit unterstellt. Konkret in der Hierarchie hatte ich über mir nur noch den Kommandeur der GEWA-1, seinen Stellvertreter (das war der Stabschef) und dessen Stellvertreter und dann

---

14 Ungesendet, am 2.7.2023 geschrieben

noch den Unteroffizier auf unserem Vermessungs-Fahrzeug. Ich hatte unter mir noch den Kraftfahrer.

Zur Militärparade wurden sämtliche Musiker aus allen Einheiten der NVA abkommandiert. Wir als kleine 250 Mann starke Einheit sollten nun diese Musiker versorgen. Die Proben für die Parade begannen drei Wochen vorher und geübt wurde auf der Transitautobahn bei Michendorf (heute A 10).
Die Musiker mussten aber irgendwo ja schlafen und versorgt werden. Für deren Versorgung war ich zuständig! Die Musiker wurden also alle aus ihren Einheiten für drei Wochen zu unserer GEWA-1 abkommandiert. Ich musste dann immer die Anzahl der Essensportionen für Frühstück, 2. Frühstück, Mittag, Kaffee, Abendessen berechnen.

Da die GEWA-1 eigentlich in der Nähe von Havelberg (Mündung der Havel in die Elbe) stationiert war, wurde ein kleines Kommando, bestehend aus unseren beiden Küchenchefs, Teilen des Stabs unserer Einheit und aus unserem Stabsführungszug noch mein Kraftfahrer, der Funker des Stabschefs, und der Kraftfahrer unseres eigenen Reparatur-LKW und icke nach Berlin-Wilhelmshagen verlegt.
Das ganze war pikant, denn nach dem Vier-Mächte-Abkommen über Berlin, von dem die DDR behauptete, es gelte nur für Westberlin, an das sie sich aber dennoch hielt, durften auf Berliner Boden keine regulären deutschen Streitkräfte sein. Das waren wir

aber von der GEWA-1 und die Musiker. Waren zum Beispiel die Grenztruppen der DDR sonst der NVA untergeordnet, waren nur die Grenztruppen in Berlin der Ostberliner Polizei untergeordnet!

Wir waren dann in Wilhelmshagen, illegal auf Berliner Gebiet, in einer Kaserne der Grenztruppen, die in der Zeit selbst ins Feldlager mussten. Fand ich toll! Nachts hörte ich die S-Bahn wie sonst zu hause und mit meiner Freundin telefonieren ging zum Ortstarif.

Für die Versorgung der Musiker mussten wir uns als GEWA-1 zunächst etwa sechs Wochen vor der Parade bei jedem der uns dann beliefernden Großhandelsbetriebe als Neukunde im Auftrag des VerteidigungsMinisteriums anmelden. Weil ich ja beim Großhandel Obst-Gemüse gemeinsam mit anderen Großhändlern in der Berufsschulklasse war, hatte ich da halt noch Kontakte und kannte überall wen. Die hab ich dann im Vorfeld unseres Vorkommandos mal von der NVA aus Havelberg angerufen. Dann war ich halt sechs Wochen vorher auch in diesem Vorkommando und während sich der Chef unseres Verpflegungskommandos jeweils mit den Chefs der einzelnen Großhändler unterhielt, hab ich halt 'n Plausch mit meinen Bekannten gemacht. Das vereinfachte viel. Beziehungen schaden nur dem, der keine hat.

Zur Berechnung der Essensstärke bin ich wie gesagt drei Wochen vor der Militärparade nach Wilhelmshagen abkommandiert worden. Ich bekam, als Soldat (1986 war ich dann Gefreiter), ein Einzelzimmer, das auch mein Büro war und in das vierundzwanzig Stunden am Tag jeder herein poltern konnte. Ich bekam zudem die schriftliche Genehmigung, dass ich anstatt im Soldatenspeisesaal meine Mahlzeiten im Unteroffiziersspeisesaal einnehmen durfte. Die Verpflegung war zwar die gleiche, aber statt großer Tafeln und Bierbänken gab es im Unteroffiziersspeisesaal Vierertische mit Tischdecken, Blümchen auf dem Tisch und richtige Stühle. Wenn Not am Mann war, hab ich dafür aber auch mal Nachts um 3 Uhr Schrippen für das Frühstück der Musiker in der Küche mit geschmiert und solche Dinger.

Der Besitz von Alkohol war für uns Soldaten in der NVA generell verboten! Nun hatte ich da in Wilhelmshagen in meinem Zimmer zwei Schreibtische. Einen für mich und einen für einen frisch von der Militärakademie gekommenen Leutnant, der mich quasi beaufsichtigen sollte, der de facto sich aber nur einmal am Tag kurz für zehn Minuten bei mir sehen ließ. Alle zwei Tage stand neben meinem Schreibtisch, wenn ich vom Frühstück auf mein Zimmer zurück kam, eine Flasche Schnaps (mal war es Korn, mal Weinbrand). Wer mir die da immer hinstellte, weiß ich bis heute nicht! Von meinen drei Zimmergenossen aus Havelberg sah ich oft den ganzen Tag lang nichts. Aber Abends, wenn es ab 20 Uhr etwas ruhiger war, setzten wir vier uns dann oft vor das Haus in dem wir untergebracht waren in die Sonne und teilten uns meinen Schnaps ganz offen. Einmal bekamen wir nur Ärger und das war, weil wir einen vorbei gehenden höheren Offizier mit einem falschen Dienstgrad angesprochen haben. Ein Musiker von der Marine. Ich redete mich raus mit: "Bitte entschuldigen sie, wir sind von der Artillerie und haben von ihren Dienstgraden keine Ahnung."

Naja und weil unsere Geschosswerfer bei der Parade mitfuhren, bot mir einer unserer untergeordneten Kommandeure unserer Einheit 1985 an, heimlich auf einem seiner Fahrzeuge mitzufahren.

So war das. Ich war also dafür verantwortlich, dass die Musiker der NVA bei den Militärparaden am 7. Oktober 1985 und 1986 genug zu Essen hatten!

Alle Erlebnisse kann man nachlesen in meinem Buch "Die Augen links – mein geheimes NVA-Tagebuch".

*

*Was mein Senderechner so treibt*[15]

Also manchmal glaube ich, mein Senderechner zu hause verarscht mich. Eine halbe Stunde vor Sendungsbeginn, die Sendesoftware ist eingerichtet und die Musik ist hochgeladen und in die richtige Reihenfolge einsortiert, ploppt plötzlich die Meldung auf: keine Verbindung zu einem Netzwerk vorhanden. Internet? Was ist das? Was Neues? Internet hat dieser Rechner noch nie gesehen! Nach fünf Minuten rödeln

---

15 aus OKbeat 1086 vom 20.7.2023

die Info: neues Netzwerk entdeckt!

Cool! Also gibt man den Befehl: verbinden!

Weitere fünf Minuten später die Info: Netzwerk kann nicht gefunden werden

Man geht in die Systemsteuerung und gibt den neuen Befehl: Netzwerk Analyse.

Fünf Minuten später auf dem Rechner die Info: neues Netzwerk gefunden. Nun gibt man den Befehl: mit dem Netzwerk verbinden. Es dauert wieder eine gefühlte Ewigkeit bis zur Meldung: Bekanntes Netzwerk gefunden. Erneut gibt man den Befehl: mit diesem Netzwerk verbinden.

Der Computer scheint sich mittlerweile wohl innerlich tot zu lachen, denn er gibt die Meldung heraus: „Verbindung mit dem bekannten Netzwerk ist nicht zustande gekommen".

Mh ... die Sendung beginnt in sechs Minuten. Ich erwäge einen Neustart des Computers, die Zeit dafür reicht gerade noch. Vielleicht erledigt sich ja dann das Problem von allein.

Der Mauspfeil auf dem Bildschirm ist schon in Reichweite des Neustart-Buttons. Da kommt plötzlich und gänzlich unerwartet vom Rechner die Info: automatisch mit dem neuen Netzwerk verbunden.

So und nun haste noch vier Minuten bis zur Sendung. Einmal tief durchatmen, einen Schluck Kaffee, einen Keks anbeißen, darauf achten, dass die Schnappatmung nicht mehr schnappt und ... nun ... schnell nochmal zum Klo! Hast ja noch zwanzig Sekunden bis zur Sendung.

*

Apropos Löwen, ich bin mittlerweile so alt, faul und zahm, ich mag nicht mal mehr ins Gras beißen.

*

*aus OKbeat 1089 am 10. August 2023*

Tja, so ist Geschichte, heute vor genau 62 Jahren, am Donnerstag den 10 August 1961, war meine Mutter mit mir, ich war damals noch ein Säugling, bei der Oma in Wilmersdorf. Vaddern sollte bis zum späten Abend mit ein paar Wertsachen aus Hohenschönhausen nachkommen. Er kam nicht!

Also fuhr meine Mutter mit mir wieder zurück nach Hohenschönhausen und kam dort mit mir im Gepäck zeitgleich mit Vaddern an. Vaddern war damals Berufskraftfahrer bei der HO. Er entschuldigte sich wortreich bei meiner Mutter und erklärte ihr, dass alle Kraftfahrer zu Sonderfahrschichten verdonnert worden seien. Sie mussten Stacheldraht fahren.

Meine Mutter sagte darauf hin: „Ach, dann flüchten wir eben nächste Woche."

Drei Tage später ging das nicht mehr.

*

*aus OKbeat 1090 vom 17.8.2023*

Wenn man heute mal Beatles-Live-Aufnahmen von ihren Konzerten sieht, da kann man sehr gut erkennen, wie gut die vier harmonierten, wie sie in der Blase, die um sie herum geschaffen wurde, agierten und eben auch die unglaubliche Energie, die sie bei ihren Konzerten versprühten.

Ich kann es nur betonen, die Band ist ein Phänomen!

*

Frage: Warum weint eigentlich Dam-Dam immer wenn der Regen fällt?

*

Gestern eine Durchsage über die Lautsprecher im Edeka in der Pistoriusstraße in Weißensee:

„Eine interne Durchsage! Der Chef wird verlangt. Die Feuerwehr ist schon wieder da!"

Da grübelt man als Kunde! Ist das jetzt der Zeitpunkt, an dem man laut schreiend und hysterisch um sich schlagend, panikartig den Laden verlassen sollte?

„Der Atombombenabwurf auf Berlin verzögert sich um etwa zehn Minuten! Haben sie noch ein schönes Leben!"

Das ist kein Tsunami! Das ist nur eine sehr schnelle Ebbe!

Warum sind sie denn so aufgeregt? Der Baum hat doch nur ihren Beifahrer erwischt!

*

*für OKbeat 1095 vom 21.9.2023 geschrieben, aber bis zum erscheinen des Buches hier, ungesendet*

Liebe Letzte Generation, bei allem Verständnis für euer Anliegen, das eigentlich unser aller Anliegen sein sollte, vergreift ihr euch nicht gerade in der Wahl eurer Mittel? Als ich vor rund vierzig Jahren zu meinem

Grundwehrdienst in der Nationalen Volksarmee der DDR antrat, waren die erste Worte meines kommandierenden Offiziers: „Wer schickt sie eigentlich? Der Feind?"

Genau das muss ich jetzt mal die Letzte Generation fragen: Wer schickt euch eigentlich? Der Feind?

Wir stehen kurz vor dem 3. Weltkrieg, kurz vor der erneuten Machtübernahme der Nazis in Deutschland. Könnt ihr mal bitte eure Prioritäten überprüfen?

Ja, wir wissen das mit dem Klimawandel seit mehr als fünfzig Jahren! Leute wie Horst Stern machten damals bereits darauf aufmerksam und nichts ist seitdem passiert.

Aber wenn jetzt die Kernwaffen fallen, ist sowieso alles vorbei. Und liebe Letzte Generation, durch eure Aktionen treibt ihr die Menschen noch zusätzlich in Richtung Rechts.

Gewalt erzeugt doch immer nur Gegengewalt.

Also lasst eure Wut nicht an uns, nicht an der normalen Bevölkerung aus, sondern blockiert die Reichen, die Kriegsgewinnler, die Rechten!

\*

*aus OKbeat 1096* - Es scheint in diesem Jahr keinen Sommer gegeben zu haben, weil meine Frühjahrsmüdigkeit seit März anhält!

\*

*aus OKbeat 1098* - Unsere Ampel machte eine so tolle Politik … wenn nicht Grüne und FDP mitregieren würden.

\*

100 Jahre Radio! … ich bin mit Radio groß geworden … mit den Stimmen im Radio, deshalb wollte ich mein Leben lang nichts anderes werden, als Radiomoderator.

Ein Radiomoderator, nuschelnd. Die halbe Familie nuschelte. Wenn ich als Kind in den Sommerferien bis zu sechs Wochen bei der Verwandtschaft mit der Bäckerei in Mecklenburg war, brauchte ich immer ein paar Tage, bis ich die Leutchen dort verstand, denn Onkel Peter, Tante Lotti und Onkel Ka-Fiddich nuschelten auch, allerdings erschwerend auf plattdeutsch.

Meine Eltern heirateten sehr jung, und weil sie mussten, wie es damals hieß, denn ich war bereits unterwegs und das war Muttens Bauch, da war sie gerade achtzehn Jahr alt geworden, bereits anzusehen. Ich kam zur Welt nach dem legendären ersten bemannten Weltraumflug von Juri Gagarin, etwa zwei Wochen nachdem Walter Ulbricht öffentlich erklärt hatte, dass niemand die Absicht hätte, eine Mauer in Berlin zu bauen und dem Mauerbau selbst. Drei Tage vor dem Mauerbau wollten meine Eltern mit mir von Hohenschönhausen zur Oma nach Wilmersdorf flüchten.

Die erste Wohnung meiner Eltern hatte kein Bad und so wurde ich anfangs in einer Zinkwanne gewaschen. Nachdem meine Uroma, Ömchen, ihren Süßwarenladen in der Konrad-Wolf-Straße 72 ein Jahr später aus Altersgründen aufgegeben hatte, zog sie eine Ecke weiter in eine Wohnung mit Bad und Badeofen und sie kaufte sich einen Fernseher. Von da an ging es einmal in der Woche rüber zu Ömchen, baden und Sandmann sehen.

Fernseher waren damals teuer, deshalb lief bei uns den ganzen Tag das Radio.

Um zehn vor sieben gab es „Was ist denn heute bei Findichs los" auf dem Berliner Rundfunk, um viertel vor neun gab es das Butzemann-Haus auf Radio DDR und Abends kurz vor sieben den Sandmann im Radio.

Abends saßen meine Eltern vorm Radio, Muttern stickte, Vaddern las und im Radio liefen Hörspiele oder die Schlager der Woche im RIAS.

Samstags war ab 8.45 Uhr der RIAS eingeschaltet. Erst berichtete Harro Zimmer über Neues aus Forschung und Technik und ab 9 Uhr erzählte Lord Knud Witze zwischen Beatles, Buddy Holly und ganz schlimmen Schlagern. Das war aber erst ab 1968.

Schon davor gab es Sonntags ab 7 Uhr im Berliner Rundfunk die Sendung „7 – 10 Sonntagmorgen in Spreeathen". Günther Gollasch und sein Tanzorchester fand ich phantastisch. Die sendeten live jeden Sonntag aus einem anderen Kiez und einmal auch bei uns um die Ecke und natürlich musste Vaddern mit mir da hin, denn ich wollte Günther Gollasch sehen.

Noch vor Ende der Sendung wurde ab 1965 zum RIAS weitergedreht, um ab 9.30 Hans Rosenthal mit dem Sonntagsrätsel zu hören. Ich höre das Sonntagsrätsel,

Gruß an Deutschlandfunk Kultur, bis heute.

Gleich danach wurde wieder zurück geschaltet zum Berliner Rundfunk, weil es da eine halbstunden lange Ausgabe von „Was ist denn heute bei Findichs los", gab und anschließend ging es zurück zum RIAS mit Onkel Tobias.

Eines Tages schraubte mein Vater unser Radio auf, um mir zu zeigen, dass da wirklich keine kleinen Menschen in dem Gerät drin sind.

Und nur einmal enttäuschte mich mein Radio! Ja, es belog mich sogar! Das war am 2. Oktober 1967! In meinem Radio erzählte man, dass ab morgen keine Straßenbahnen mehr in Berlin fahren würden. Aber, oh Wunder, bei uns vor der Tür fuhr die Straßenbahn auch weiterhin, also auch am nächsten Tag und in der nächsten Woche. Was war passiert? Muttern hatte heimlich RIAS gehört! Und es war ja auf beiden Seiten der Mauer immer nur von Berlin die Rede. Auf Westberlin traf das mit der Straßenbahn zu, auf Ostberlin nicht!

Erst nachdem ich bereits ein halbes Jahr lang zur Schule ging, wir waren mittlerweile in Hohenschönhausen umgezogen, kam der Fernseher zu uns ins Wohnzimmer und damit Serien wie Daktari, verliebt in eine Hexe, Rauchende Colts oder Bonanza, die Flimmerstunde und Samstagabendshows mit Rudi Carrell, Peter Frankenfeldt oder Kulenkampf.

Bis zum Start von RIAS-TV 1988 gab es kein Frühstücksfernsehen. Das hat der RIAS erst eingeführt. Das Vormittagsprogramm im Fernsehen bestand davor ab 8 Uhr im DDR-Fernsehen aus Bildungsprogramm. Von 10 – 12 Uhr sendete die ARD alte Filme und Nachrichten. Die Nachtschiene im Fernsehen wurde übrigens erst mit dem 2. Golfkrieg 1990 / 91 geschlossen.

Weil des Frühstücksfernsehen erst um 6 Uhr begann, ich um 6 Uhr jedoch schon Arbeitsbeginn hatte, weckte mich morgens bis 1992 Rik De Lisle auf RIAS 2.

Ab 1979 hab ich Radiosendungen auf Tonband gemacht, davon gibt's sicherlich noch Kopien in meiner Stasi-Akte, seit dem 13. April 1995 sende ich bei alex-berlin und von 2005 - 2014 hab ich außerdem noch bei Pi-Radio gesendet und zwischen 2012 – 2017 noch bei vielen anderen kleinen Internetradios.

Wer hört heute noch Radio auf Mittelwelle? Das ist doch vollkommen verschwunden. Ich wollte mein Leben lang nichts anderes werden, als Radio-Moderator. Ich bin also mit dem Radio aufgewachsen und liebe seitdem dieses Medium. Über das Radio machen bin ich 1995 auf die Prenzlberger Ansichten gestoßen und seit 2008 sende ich zudem via Rockradio mit dem Vereinssitz „Speiches Blueskneipe" von zu hause und „zu hause" ist seit mehr als vierzig Jahren meine Hütte am Prenzlauer Berg.

Am 29. Oktober 1923 begann mit der „Berliner Funkstunde" der erste öffentliche Radiosender in Deutschland, aus dem Vox-Haus am Potsdamer Platz, mit folgender Ansage sein Programm: „Achtung, Achtung! Hier ist die Sendestelle Berlin im Voxhaus auf Welle 400 Meter. Meine Damen und Herren, wir machen Ihnen davon Mitteilung, dass am heutigen Tage der Unterhaltungsrundfunkdienst mit der Verbreitung von Musikvorführungen auf drahtlos-telefonischem Wege beginnt. Die Benutzung ist genehmigungspflichtig.", so Friedrich Georg Knöpfke.

Hans Bredow war Vorsitzender des Verwaltungsrates der Reichs-Rundfunk-Gesellschaft (RRG) und gilt als einer der Begründer des deutschen Schiffs- und Auslandsfunkverkehrs, des deutschen Rundfunks und des deutschen Fernsehrundfunks. Er prägte 1919 den Begriff „Rundfunk".

Sämtliche technischen Anlagen eines Senders gehörten der Deutschen Post, der Sender selbst war nur für den Inhalt der Sendungen verantwortlich. Diese Trennung zwischen Techniker und Moderator blieb so bis in die Mitte der 1980er Jahre in beiden Teilen Deutschlands.

Die „Berliner Funkstunde" wurde 1934 liquidiert und Teil des „Großdeutschen Rundfunks".

Die Radios hatten einen Kristall zur Demodulation aller empfangenen, elektromagnetischen Wellen. Diese sogenannten „Detektor-Empfänger" mussten nicht ans Stromnetz angeschlossen werden, man konnte die schwachen Signale aber nur über Kopfhörer hören.

Man kratzte gewissermaßen mit einer Nadel über einen Kristall, bis man die entsprechende Frequenz hatte. Wenn man nicht mehr Radio hörte, musste man die Antenne erden, wegen Gewitterströmen udgl. Weil die Radios so teuer waren, boten Hersteller wie Siemens, AEG oder Telefunken Bausätze zum selbst basteln an. Gesendet wurde bis nach dem Krieg überwiegend in den Bereichen der Amplitudenmodulation (Kurzwelle, Mittelwelle, Langwelle).

Die ersten Röhrenradios wurden erst auf der Funkausstellung 1924 vorgestellt. Auch hier hieß es am Ende jeder Sendung: „Bitte erden sie ihre Antenne nach dem Ausschalten ihres Empfangsgerätes!" Mit den Röhrenradios kamen die Lautsprecher in die Geräte und sie mussten ans Stromnetz angeschlossen werden. Auch hier gab es Anfangs auch noch Bausätze zum selbst basteln. Röhrenradios haben bis heute, selbst unter Kopfhörern, einen weicheren Sound.

Am 22. März 1935 wurde in Deutschland das erste regelmäßige Fernsehprogramm der Welt live über den Fernsehsender Paul Nipkow in Berlin ausgestrahlt. Bis 1943 wurde aus Berlin gesendet. Kurz bevor die Deutsche Wehrmacht Paris verließ, wurde 1944 auch dieser letzte Deutsche Fernsehsender abschaltet.

Das Funkhaus in der Masurenallee wurde 1929 – 1931 errichtet. Die „Funkstunde" strahlte von hier ab dem 22. Januar 1931 aus. Nach der Machtergreifung durch die NSDAP wurde der Rundfunk in Deutschland gleichgeschaltet und zentralisiert. Die Reichs-Rundfunk-Gesellschaft wurde am 1. Januar 1939 in „Großdeutscher Rundfunk" umbenannt.

Die Nazis erkannten, wie gut sich das Radio zu Propagandazwecken eignete. Deshalb gab es ab Januar 1933 den „Volksempfänger", die sogenannte „Goebbelsschnauze" für wenig Geld. Meine Großmutter hatte so ein Gerät noch in den 1960er Jahren in ihrem Wohnzimmer.

Rundfunkmitschnitte der ersten Jahre sind rar. Nur besondere Ereignisse wurden auf Wachsplatte, weniger auf Kupferplatte und nur in Ausnahmefällen als Lichtton wie beim Film aufgezeichnet. Das Tonband war ab 1925 zunächst ein Stahldraht. Erst ab 1935 kam es zur Serienfertigung von Tonbandgeräten durch die AEG für den Rundfunk. Konzerte und Propagandareden konnten nun mitgeschnitten und zeitversetzt gesendet werden. Klassische Konzert-aufnahmen aus dieser Zeit klingen bis heute wie eben erst gemacht. Außerhalb Deutschlands blieb diese Art der Aufzeichnung bis Kriegsende zunächst unbemerkt. Die Grundgeschwindigkeit waren 9,5 cm/sec., abgeleitet wurde davon in den 1960er Jahren die Tonbandkassette von Phillips mit 4,25 cm/sec., 2,125 cm/sec. für VHS, Musikaufnahmen in den Tonstudios wurden mit 19 bzw. 38 cm/sec. Laufgeschwindigkeit gemacht. Tonbandgeräte waren nach dem Krieg begehrte Siegertrophäen.

*aus OKbeat 1100*

Tja ick würde ja sagen, selbst Schuld, wa, Linke! Ist ja wie ein Kernkraftwerk bei denen! Erst spalten sich die Kommis von der SPD ab und hundert Jahre später spalten sich dann auch noch die Kommis selber. Egotripp-Sarah! Wie war das mit der Einheit der Arbeiterklassse? Letztlich bleibt dem linken Wähler ja wirklich nur noch eine linke Alternative, die einzig soziale und demokratische Partei.

*

Mal rein Interesse halber: alex-berlin sendet mit 0,4 KW – Kilowatt Sendeleistung, rs2 mit 25 KW, Berliner Rundfunk mit 100 KW, Berlin 88,8 vom rbb mit 80 KW, Deutschlandfunk Kultur mit 16 KW, RTL mit 25 KW

*

So mancher fühlt sich auf den Schlips getreten, obwohl er gar keinen Schlips trägt!

*

*aus OKbeat 1101*

Wer vorgestern meine Sendung bei Rockradio hören wollte, wurde sicher bitter enttäuscht, denn nach einem Windows Update vor ein paar Tagen, waren sämtliche Audio-Einstellungen automatisch wieder auf Werkseinstellungen zurück gedreht worden. Habe zwei Tage lang versucht, meinen Sende-PC wieder sendefähig zu machen, aber schließlich hab ich dann die Sendung für gestern dann nicht gemacht. Nächste Woche ist die wieder, denn ich habe gestern den Fehler gefunden.

*

Und noch ein Satz zum Nahen Osten. Als ich am 7. Oktober die Bilder von dort gesehen habe, dachte ich: nein, nicht schon wieder! Schon mein ganzes Leben lang sehe ich immer nur Krieg im Lande Israel!

Ja, Israel hat jedes Recht zur Selbstverteidigung!

Dass die Hamas ihr eigenes Volk als Geisel nimmt, um unter dessen Schirm Terrorakte im Nachbarland auszuüben, das ist das Drama an der ganzen Sache.

*

*RIAS Treffpunkt*

Mit der seit 1968 täglich ausgestrahlten Live-Sendung für Jugendliche – dem RIAS-Treffpunkt – gewann der Jugendfunk die Sympathien seiner Hörer, von denen viele in der DDR lebten. Es war ein „Jugendjournal", das es so damals noch nicht gab. Eine Mischung aus kritischer Information und Musik. Jeweils 16 – 19 Uhr.

Legendär dabei auch die Hörergrüße aus dem Osten. Um an den RIAS zu schreiben, vergab sogenannte Deck-Adressen, denn die Kontaktaufnahme zu westlichen Medien konnte in der DDR als staatsfeindlicher Akt ausgelegt werden und wurde unter Umständen mit mehreren Jahren Zuchthaus bestraft.

So wurden also die privaten Adressen von Mitarbeitern des RIAS genommen oder von Westberliner Stammhörern. Oft galten diese Deckadressen nur zwei oder drei Wochen. Die Mitarbeiter der Bundespost wurden entsprechend instruiert. Einmal in der Woche, Samstags kurz nach

17 Uhr, wurden dann an diese Deckadressen geschickte Hörergrüße sechs bis acht Minuten lang verlesen. Und natürlich ging auch das nur verdeckt. Wenn der Rolf aus dem Prenzlauer Berg seinen Onkel im Rathaus Steglitz gegrüßt hätte, hätte die Stasi durchaus gewusst, wer gemeint ist, also hörten sich diese Grüße in etwa so an:

„Rolli aus dem Nahen Osten grüßt das Onkelchen an der Grunewaldstraße, Hibbi, Benno und Carla vom Müggelsee grüßen ihr Pummelchen an der Krummen Lanke, Betty sendet ihrem Udo ganz liebe Liebesgrüße und die japanische Tante aus Baumschulenweg grüßt ihren Schatz aus der Wollankstraße."

*

Schlager der Woche - Moderatoren
ab 1946 Wolfgang Behrendt
ab 1954 Fred Ignor
ab Januar 1968 Charlie Hickman
ab September 1968 Lord Knud - 1985

*

Rock over RIAS ab 1975
Graves bei Nacht ab 1972

*

Barry Graves 1977: „Wenn da wer etwas zu langweilig findet oder sich darüber muckiert, dass wir hier an Musik alles ausspielen, dem sei gesagt, der RIAS ist kein Ortssender, sondern er strahlt auch in andere Länder hinein. Und nicht alles, was wir hier spielen, ist zum Beispiel auf dem Plattenlabel AMIGA in der DDR erschienen."

*

Am 1. Mai 1945 verkündete man aus der Masurenallee noch den Tod Hitlers, Berlin kapitulierte am 2. Mai 1945, die Bedingungslose Kapitulation wurde aus Flensburg gesendet, bevor auch dieser „Großdeutsche Sender" am 13.Mai 1945 durch die Briten abgeschaltet wurde.

Am selben Tag, nur Stunden später, meldete sich der „Berliner Rundfunk", der auf Befehl des ersten sowjetischen Stadtkommandanten Nikolai Bersarin schnell gegründet worden war, aus der Masurenallee. Das „Haus des Rundfunks" blieb bis zum 5. Juli 1956 von den Sowjets besetzt und wurde erst dann Teil der britischen Besatzungszone. Obwohl der Sender für alle vier Berliner Besatzungszonen zuständig sein sollte, räumten die Sowjets den anderen Besatzern täglich nur eine Sendestunde ein. Deshalb gründeten die Amerikaner am 17. Dezember 1945 in ihrer Besatzungszone den Drahtfunk DIAS, der im Februar 1946 in RIAS (Rundfunk im amerikanischen Sektor) umbenannt wurde. Seitdem wird aus dem Gebäude am heutigen Hans-Rosenthal-Platz gesendet. Viele der Moderatoren wie der Namensgeber des Platzes, aber auch Leute wie Bully Buhlan wechselten darauf hin den Sender. Nero Brandenburg sagte dazu einmal: „Das war keine Frage der Weltanschauung, aber Chesterfield schmeckte besser als Papirossa und Whisky besser als Wodka." Leute wie Egon Bahr, Friedrich Luft, Fred Ignor, Lord Knud, Curth Flatow,

Heinz Petruo oder Barry Graves prägten in den nächsten Jahrzehnten den Sender und die Erfindung Hans Rosenthals von 1965, das „Sonntagsrätsel" wird bis heute aus dem ehemaligen RIAS Funkhaus gesendet. Weil der RIAS sowohl aus Berlin, als auch aus Hof in Bayern sendete, erreichte er auf UKW mindestens ein Drittel der Menschen in der sowjetischen Besatzungszone und wurde wegen seiner vielen Innovationen, wegen seiner oft unkonventionellen Art und wegen seiner seriösen und sauberen journalistischen Arbeit bald zum reichweitenstärksten Sender in seinem Einzugsbereich.

Auf der Kopenhagener Rundfunkkonferenz vom 15. Juni – 15. September 1948 wurden die Radio-Frequenzen neu verteilt. Nur 22 der 25 europäischen Staaten nahmen daran teil. Deutschland gleichfalls nicht, weil es zu diesem Zeitpunkt noch besetzt war. Deshalb bekam es nur je eine Frequenz je auf KW, MW und LW zugeteilt. Da die amplitudenmodulierten Wellen von der Stratosphäre immer wieder zurück geworfen werden, kann man diese Sender, bei genügend großer Sendeleistung, weltweit empfangen. In beiden deutschen Staaten machte man aus der Not eine Tugend und rüstete die Sender auf Frequenz-Modulation, UKW, um. Mit UKW ist stereophones senden möglich, allerdings wird das UKW-Signal nur horizontal ausgestrahlt und die Radiowellen werden nicht von der Stratosphäre reflektiert. Die Reichweite liegt bei UKW, je nach Wetterlage und Höhe des Sendeturms, bei sechzig bis maximal achtzig Kilometern. Danach verschwinden die Signale im All.

Die „Arbeitsgemeinschaft der Rundfunkanstalten Deutschlands" (ARD) wurde am 9. Juni 1950 gegründet. Obwohl der RIAS keine Landes-Rundfunkanstalt war, das wurde für Westberlin damals abgedeckt durch ein Studio des NWDR am Heidelberger Platz, er wurde auch bis zu seinem Ende aus amerikanischen und deutschen Steuern bezahlt, schloss er sich der ARD an.

Am 4. September 1954 wurde für die Sender in der sowjetischen Besatzungszone das Funkhaus in der Nalepastraße, eine ehemalige Maschinenfabrik, eröffnet. Spätestens da verließ dann auch das letzte DDR-Personal, das „Haus des Rundfunks", das zu diesem Zeitpunkt bereits von den Briten abgeriegelt war. Sämtliche Ostdeutschen Radiosender kamen fort an, mit Ausnahme von Regionalanteilen aus einigen Bezirksstädten, aus der Nalepastraße. Dessen großer Sendesaal wird bis heute wegen seiner Akustik für Musikaufnahmen gern genutzt. Legendär war zum Beispiel die „Ferienwelle Rostock", die ab 1967 jedes Jahr nur während der Sommerferien sendete und dessen Programm im Vergleich mit den anderen DDR-Sendern relativ locker daher kam. Er war aber nur in Mecklenburg zu empfangen.

Wie es mal ein RIAS-Intendant ausdrückte, wurde der SFB als Landesrundfunkanstalt für Westberlin „aus der puren Eitelkeit der in Berlin regierenden" am 1. Juni 1954 gegründet. Als „Morgengabe" überließ der RIAS dem SFB das Recht auf die Ausstrahlung kommerzieller Radiowerbung. Das Programm des RIAS war fortan werbefrei. Die dadurch fehlenden Einnahmen wurden durch Steuern aus dem Bundeshaushalt ausgeglichen.

Am 21. Dezember 1952 startete der „Deutsche Fernsehfunk" (DFF) aus einem neu errichteten Studiokomplex in Adlershof (der noch heute fürs Fernsehen genutzt wird) seinen regulären Sendebetrieb. Das zweite Programm des DFF ging am 3. Oktober 1969 auf Sendung. Fortan wurde auch in Farbe gesendet. Allerdings nicht, wie in der Bundesrepublik mit dem System Pal (einem verbesserten NTSC aus den USA), sondern wie fast im gesamten Ostblock in SECAM, wie in Frankreich.

Am 25. Dezember 1952 nahm der NWDR den Fernsehsendebetrieb in der Bundesrepublik auf. „ARD 2" sendete vom 1. Juni 1961 bis 31. März 1963. Ab dem 1. April 1963 ging das nicht föderale, sondern zentralistisch angelegte ZDF bundesweit on air. Am 22. Dezember 1964 begann der Bayrische Rundfunk als erster mit der Ausstrahlung eines sogenannten „Dritten Fernsehprogramms". Heute sind diese „Dritten Programme" jeweils Vollprogramme und sind in Berlin das RBB-Fernsehen. Seit dem 25. August 1967 sendete man in der Bundesrepublik, als erstem europäischen Land (die BBC tat es erst ab der Adventszeit 1968) in Farbe und im System PAL.

Der SFB startete 1958 als erster Sender in Deutschland mit stereofonen Radiosendungen, die DDR-Sender zogen ab 1968 nach, der RIAS mit seinem zweiten Programm RIAS 2 erst Mitte 1975 und RIAS 1 gar erst 1985.

Der bereits 1927 erfundene „Kunstkopf" wurde in Deutschland erstmals in einer Gemeinschaftssendung von BR, WDR und RIAS auf der Funkausstellung 1973 der breiten Radioöffentlichkeit zugänglich gemacht. Der Rundfunk der DDR folgte bis zum Jahresende.

Die Fernsehserie „Tatort", die ab 1970 von der ARD produziert wurde, orientierte sich an der RIAS-Hörspielreihe „Es geschah in Berlin", die von 1951 – 1972 vom Sender produziert wurde.

1984 wurden die Mediengesetze in der Bundesrepublik geändert und das sogenannte „Duale Rundfunksystem", das heute aus sieben Säulen besteht, eingeführt. Seit dem 1.1.1985 können deshalb kommerzielle Sender, die sich ausschließlich aus Werbung finanzieren, gegründet werden. Um aber ein Gleichgewicht zwischen Kommerz und Bürgern zu schaffen, durften die Landesmedienanstalten gleichzeitig sogenannte „Offene Kanäle" und / oder „Freie Radios" zulassen. Alex-berlin wurde im August 1985 als OKB (Offener Kanal Berlin) gegründet. „Radio 100,6" und „Radio 100" waren ab 1987 die ersten beiden kommerziellen Sender in Berlin. Sie teilten sich das erste Sendehalbjahr eine Frequenz.

Ab dem 30. September 1985 wurde aus RIAS 2, das seit seiner Gründung 1953 sich immer nur von 14.35 bis 23.35 von RIAS 1 programmtechnisch getrennt hatte, zu einem Vollprogramm und zum ersten sogenannten „Format-Radio" in Deutschland, bei dem man an Hand des Sounds erkennt, um welchen Sender es sich handelt. Heute ist fast alles „Formatradio". Als Reaktion auf RIAS 2 machte 1986 man aus der täglichen zweistündigen Sendung „DT 64", die im Berliner Rundfunk lief, das „Jugendradio DT 64" zu einem 18-Stunden-(Voll)-Programm.

Am 22. August 1988 startete RIAS-TV mit seinem Programm und teilte sich die Fernsehfrequenz mit Sat1. RIAS-TV sendete täglich von 6 – 10 Uhr und von 17.45 – 18.30 Uhr. RIAS-TV führte das Frühstücksfernsehen in Deutschland ein, brachte Samstagmorgen ein Jugendmagazin, wogegen im September 1989 das Fernsehen der DDR das Magazin „elf 99" setzte und brachte ansonsten gute Dokus, ähnlich heute ZDF-Info.
Nach der deutschen Wiedervereinigung hatte sich der Programmauftrag des RIAS erledigt und nach

Auflösung der DDR wurden auch deren Sender entweder in öffentlich-rechtliche Sender umgewandelt oder privatisiert.

Aus RIAS-TV wurde ab 1. Mai 1992 Deutsche Welle TV. RIAS 2 wurde ab 1. Juni 1992 zu r.s.2 und der Berliner Rundfunk ab 1.1. 1992 privatisiert. Der Deutsche Fernsehfunk wurde Silvester 1991 abgeschaltet und in Berlin zum ORB. RIAS 1 wurde gemeinsam mit dem Deutschlandsender aus der ehemaligen DDR ab 1. Januar 1994 zu Deutschlandfunk Kultur zusammengefasst.
Erst durch den Aufbau von leistungsstarkem Breitbandinternet ist seit 2002 die stabile Ausstrahlung von Freien Internetradios sinnvoll, die vom Prinzip her jeder gründen kann, sofern er die nicht unerheblichen finanziellen Beträge die sie fordern, an GEMA und GVL zahlen kann.

Am 31. Oktober 2016 wurde der letzte Mittelwellensender in Deutschland abgeschaltet.

Totgesagte leben länger. Das Radio wurde schon so oft tot gesagt. Heute gibt es zwei Richtungen, Radio zu machen. Einmal das Format-Radio, das fast alle Sender liefern und dann das „Autoren-Radio", das man in Berlin bei den Freien Radios, alex-berlin und auf Deutschlandfunk Kultur, sowie in Randzeiten der rbb-Familie findet.

Der „Duale Rundfunk" hat in Berlin sieben unterschiedliche Säulen:

öffentlich-rechtliche Sender, die sich aus den Rundfunkgebühren und aus ganz wenig Werbung finanzieren (rbb, ZDF)

kommerzielle Sender, also alle, die sich komplett durch Werbung finanzieren

Pay-TV, Bezahlfernsehen

Deutschlandfunk und Deutsche Welle werden aus Steuern bezahlt, sie gelten zwar als öffentlich-rechtlich, sind es de facto aber nicht.

alex-berlin – der ehemalige Offene Kanal Berlin, der zwar gebührenfinanziert ist, dessen Radio sich wie ein „Freies Radio" verhält, aber andere Konditionen als diese mit der GEMA hat

Freie Radios auf UKW (Pi-Radio, Studio Ansage) die sich durch Spenden oder Mitgliedsbeiträge finanzieren

reine Freie Internetradios wie Rockradio, die sich durch Mitgliedsbeiträge und Spenden finanzieren.

Auch die Art des Radiomachens hat sich verändert. Wurde bis Ende der 1980er Jahr die Musik erst auf Tonband überspielt und dann von dort durch einen Techniker die Musik vom Band in der Sendung abgefahren, so gab es beim AFN von Anfang an den Radio-DJ. Mit der Sendung „Rock over RIAS" führte der RIAS den Radio-DJ in Deutschland 1975 ein.

Als ich 1995 anfing, Radio zu machen, hatte ich meine Jingles noch auf Band dabei und spielte meine Musik von Tonbandkassette, Schallplatte und CD. Dank Internet hab ich während der Corona-Zeit komplett von zu hause aus gesendet. Heutzutage digitalisiere ich alles und kann Jingles, Einsprecher, Beiträge und Musik punktgenau mit einer einfachen Software steuern. Allerdings bin ich vermutlich auch der Letzte, der noch Tonbandkassetten, wenn ich von zu hause aus sende, einsetzt. CD- und Schallplattenspieler stehen aber auch bei alex-berlin noch bereit.

Ich hab den RIAS im Urlaub an der Ostsee noch auf Mittelwelle gehört, oder Radio-Luxemburg direkt aus Luxemburg, mit ganz viel Werbung, auf „Kurzwelle im 49-Meterband" mit Frank Elstner und den WBLS über Langwelle direkt aus New York, oder auf Rügens Kreidefelsen Radio aus Dänemark über UKW.

Seit Mai 2023 sendet alex-berlin nun auch auf DAB+

Ich liebe Radio!

\*

Im Welthandel gilt: wenn zwei sich streiten, freut sich der Brite!

\*

*aus OKbeat 1102 vom 9.11.2023*

Ein Hauch von Abschied, von einem Abschied für immer, umweht die letzte Single der Beatles.

„Now and then"!

Das war es dann wohl. Die Beatles sind in die ewigen Jagdgründe über gegangen.

Aber der eingefleischte Fan, sofern er kein echter Vegetarier ist, ist er eingefleischt, schöpft Hoffnung aus der Formulierung selbst! Was sagte Paul

McCartney? Das war die letzte <u>Single</u> der Beatles mit neuem Material?
Vielleicht folgt je noch eine LP mit unbekannten oder so noch nie veröffentlichten Stücken der Beatles?

Carneval of Lights – eine Sound-Experiment das 1967 aufgenommen wurde, schlummert seitdem im Giftschrank der Plattenfirma EMI. Warum eigentlich? Wird darin bestätigt, dass Paul McCartney 1966 bei einem Verkehrsunfall ums leben kam und ihn seitdem ein Double ersetzt? Oder wurde von da an Ringo Starr durch Pete Best am Schlagzeug auf den restlichen Beatles-Platten ersetzt? Vielleicht wurden die Beatles für dieses Klangexperiment ja auch durch Außerirdische entführt und darin wird auf den Verbleib der Bundeslade hingewiesen. All das fragt sich der Fan.

Was ist mit den Stücken „Jessies Dream" und „Shirleys Wild Accordeon", die zwar im Film „Magical Mystery" auftauchen, aber bisher nie auf einer Platte erschienen?
Und dann gibt's da noch die Stücke „Save the last Dance", „The Rocker" und „The Walk", die bisher eben so im Giftschrank der EMI schlummern, wie eine schnellere Version von „Two of us" oder die 15-min-Version von „Dig it".
Außerdem existiert noch das Stück „Thinking of linking", als Demo von 1969 und neu angespielt von 1994 als Bonus-Material für die Anthology-Fernseh-Dokumentation . Auf dem Album „Let it be – naked"

gibt es außerdem das angespielte Stück „Because I love her so" von 1969 und es gibt eine andere Version von „I Will" von 1968.

Liebe EMI, was ist mit diesen ganzen Stücken? War es das mit „Now and then" nun wirklich mit den Beatles oder kommt da doch noch was nach?

Der Fan schöpft Hoffnung und freut sich schon darauf, die beste Band der Welt dereinst selbst im Himmel live erleben zu dürfen, mit eben diesen Stücken, denn die Hoffnung stirbt schließlich zuletzt.

*

*aus OKbeat 1104*

Danke, CDU! Stillstand kann man also auch aus der Opposition heraus gestalten. Bloß kein Geld umverteilen und in Umweltprojekte stecken.

Und jetzt mit dem Haushaltsloch? Erste Idee von Fritze Merz: nehmen wir es doch zuerst den Armen und kürzen das Bürgergeld! Wer hungert, wehrt sich schließlich nicht! Denn so die Logik von Fritze, die CDU war schon immer die bessere SPD.

Stockholm-Syndrom: wer dich quält, den liebt man! Also kürzt die CDU das Bürgergeld, damit die Armen die CDU wieder lieb haben!

Danach führt man mal wieder Zwangsarbeit ein in Einrichtungen, denn dann liebt man die CDU und Fritze Merz noch mehr! Auf die Idee, vielleicht mal die Löhne anzuheben, um den Abstand zwischen Grundsicherung und Arbeitsentgelt wieder zu erhöhen, kommt man natürlich nicht. Dafür gibt's ja

dann die eben genannten neuen, alten „Sanatorien".
Löhne und Gehälter haben ja schon immer den
Gewinnen von Firmen geschadet und gehören deshalb
abgeschafft. Nur wer dann noch in Fritzes Büro für lau
arbeiten will, weiß ich nicht.

*

*aus OKbeat 1105*

Lieber ein Blue Monday, als ein black Friday, ... weil ...
er ist billiger!

*

Gruß an den Verein historische S-Bahn e.V. ... endlich
war bei mir auf dem Ring am letzten Wochenende mal
wieder eine richtige S-Bahn zu hören und zu sehen!
... und nicht so'ne Piepe ... Toll, dass ihr nach fünfzehn
Jahren an den Adventswochenenden wieder einen
Weihnachtszug fahren lassen könnt. Glückwunsch!

*

Die GEMA, ihre Fans nennen sie schon seit Jahren
"Gesellschaft zur mafiösen Abzocke" (Katrin
Bauerfeind 2008), hat wie in der Abendschau berichtet,
ihre Preise um bis zum zehnfachen erhöht. Künftig gilt
für Veranstaltungen, dass die gesamte mögliche
Fläche, die theoretisch beschallt werden könnte, als
Berechnungsgrundlage heran gezogen wird.

Also sein sie bloß vorsichtig, wenn sie auf der
Landsberger Allee, auf der Heerstraße oder auf dem
Tempelhofer Feld mit ihrem Walkman joggen. Was das
für Flächen sind!

Ich habe mir deshalb vorgenommen, in der Öffentlichkeit künftig nur noch eigene und damit GEMA-freie Kompositionen selbst zu singen!

*

Wetten dass ... ? ... man Tote besser in Ruhe lassen sollte! Wenn ich das nächste mal Thomas Gottschalk in Zusammenhang mit "Wetten dass ...?" höre, ramme ich einen Holzpflock in meinen Fernseher!
Seit fünfundzwanzig Jahren sage ich hier und ich habe das ZDF deshalb auch schon mal angeschrieben, macht die Show kleiner. ... viel kleiner! ...
Man neigt im Fernsehen ... nicht nur in Deutschland ... zu immer mehr Gigantismus!
Ich hab den Größten, ... also den Längsten ... Showmaster, die größte Bühne, den steilsten Zahn, die schnellsten Schnitte und so weiter!


Hey, wenn ihr "Wetten dass ...?" retten wollt, machts kleiner! Alle vier bis sechs Wochen, für maximal anderthalb Stunden, jeweils aus einer anderen rauchigen Kneipe im Land, musikalisch von einer unbekannten Band durch den Abend geschrammelt und dabei Wetten wie:
Kneipengast 1 verpasst der Gisela einen neuen Haarschnitt in fünf Minuten
Kneipengast 2 kann fünf Biergläser vom Tisch fallen lassen, ohne dass sie kaputt gehen
Udo von Nebenan behauptet, er kann auf einer Packung Eier einmal durch die Kneipe gehen
Susie von Gegenüber meint, sie könne innerhalb von

zwei Minuten den ganzen Schnee vor der Kneipe wegfegen

Sowas in der Art. Und als Wetteinsätze fünf bis maximal zehn Euro, die man hinterher dem Obdachlosenheim an der nächsten Ecke spendiert!

Dann funktioniert auch Wetten dass ... wieder!

Wetten dass ... ? ... Ich setzte fünf Euro!

\*

Alle Jahre wieder schaffen es die Hausverwaltungen nicht, die Gehwege vor ihren Häusern vom Schnee zu beräumen! Sitzen die Verwaltungen da etwa heimlich in ihren Büros und lachen sich scheckig über die dort vor ihren Fenstern hinschlagenden Menschen?

Es müssen sich wohl immer erst mehrere Lagen festgestampften Eises auf den Gehwegen gebildet haben, bevor man einzelne Sandkörner in homöopathischen Dosen zum Abstumpfen über das Eis krümelt. Deshalb bin ich bei diesem Wetter lieber mit dem Moped, anstatt zu Fuß unterwegs.

\*

*aus OKbeat 1106*

Vorgestern kam es heraus! Die deutschen Schüler schneiden in Pisa so schlecht ab, wie noch nie! Pisa? Pisa? Sind in Pisa nicht die Hängenden Pyramiden von Rhodos?

\*

Ich kann mal das bestätigen, was mir Freunde am Wochenende übers Homeoffice erzählt haben. In den Wohnungen um einen drum herum ist Tagsüber niemand, so dass dort alle Heizungen aus sind und es Fußkalt wird, außerdem hat mein Wohnzimmer zwei Außenwände. Und so ist der wärmste Raum in meiner Wohnhöhle meine Küche.

Nach fünf Minuten sind die Hände kalt und die Finger werden klamm. Deshalb füllt man sich die Wärmflasche, die nun regelmäßig zwischen Füßen und Ischias wechselt. Und weil Tee mit Rum oder eher Rum mit Tee einen in der Birne dröge machen würden, hüpft man alle zehn Minuten durch die Hütte, um sich wenigstens warme Gedanken zu machen, bevor einem das Hirn gänzlich einfriert. … brrr … kalt. Warm wird es in der Bude erst, wenn man zur Nacht die Nachbarn endlich ihre Buden heizen und man die Kühle im Wohn-Schlafzimmer eigentlich jetzt bräuchte.

*

Also wenn ich unterwegs bin und mir die Gesichter der Menschen auf der Straße ansehe, dann macht mich das wirklich traurig. Die Leute sind in sich gekehrt, nehmen ihre Außenwelt, ihre Umgebung kaum noch wahr und starren entweder auf ihre Handys oder auf ihre Fußspitzen. Und dann möchte ich mir am liebsten eine rote Clownsnase aufsetzen, jeden einzelnen anstupsen und im zujubeln:
Jeder Tag ohne Lächeln ist ein verlorener Tag!

*

*aus OKbeat 1108 vom 21.12.2023*

Deutsche Bahn, auf der einen Seite bekommen die Manager für nicht geleistete Arbeit fette Boni, auf der anderen Seite ist man nicht bereit, den Leistungsträgern der Bahn, den Lokführern, ordentliche Arbeitsbedingungen zu gewähren. Gleichzeitig wundert sich der Bahnvorstand, dass sie nicht genug Lokführer haben. Finde den Fehler!

*

*Die nächsten drei Texte muss ich erklären. Ich schreibe ja nun seit vielen Jahren für die Kiezzeitung Prenzelberger Ansichten. Das geschieht in mehreren Serien, die einander ablösen. Diese Artikel werden von mir derzeit gesammelt und sollen irgendwann einmal als Buch erscheinen. Dabei werde ich mich dann an die ungekürzten Versionen, ich bin bei der Zeitung auf maximal 1800 Zeichen begrenzt, halten. Die folgenden drei Texte wurden so indes überhaupt nicht veröffentlicht. Sie sind aus einer ziemlichen Wut heraus entstanden. Weshalb, das erklärt sich in der ersten Version. Sie wurden deshalb von der Redaktion abgelehnt. Erst die letzte und vierte Version wurde schließlich in der Zeitung veröffentlicht und wird es dann auch einmal in der Buchzusammenfassung. Also hier nun gewissermaßen die drei Outtakes meines Juni-2023-Artikels.*

*Offensichtlich wenig sichtlich – Teil 23 – Version 1*
*Richtigstellungen geschrieben am 29.4.2023*
In dieser Ausgabe der Serie muss ich mal die verbrannte Erde wieder aufforsten, die meine Kollegen in der Mai-Ausgabe, wegen ihrer, nett

formuliert „unsauberen Recherchearbeit" hier hinterlassen haben. Zuerst sei festgestellt, dass die Texte zur Hochbahn auf der letzten Seite und der Text auf Seite 6 (Verwalterhaus) zu den Friedhöfen zwischen Königs- und Prenzlauer Tor nicht von mir sind, sie aber durch die Arbeitsweise unserer Zeitung inhaltlich auch nicht mit mir abgestimmt wurden.

Nun zu den Richtigstellungen:
1. Über die Friedhöfe zwischen Königstor und Prenzlauer Tor hab ich selbst erst in der Januar-Ausgabe berichtet. Die beiden Friedhofsanlagen außerhalb der ehemaligen Akzisemauer sind nicht zusammen nur der St. Marien-/St. Nikolai-Friedhof, sondern ab Höhe der ehemaligen Friedhofsgärtnerei teilt es sich! Der linke ist richtig der zur Marienkirche am Alex und der zur Nikolaikirche (im gleichnamigen historisierend aufgebauten Stadtkern). Diese beiden Friedhöfe, die in den Leisepark münden, sind derzeit nur über einen anderen Friedhof zu erreichen. Es ist dies der, der direkt an der Greifswalder liegt und dieser ist der St. Georgen-/St. Parochialfriedhof. Die Georgenkirche stand bis zu ihrer Sprengung 1949 dort, wo heute die östliche Einfahrt zum Autotunnel am Alexanderplatz ist. Die Parochialkirche steht indes zwischen historischer Stadtmauer (nicht Akzisemauer), der ältesten Kneipe Berlins "zur letzten Instanz", in Sichtweite der Senatsverwaltung für Finanzen am U-Bf. Klosterstraße. Es sind dies also zwei getrennte Friedhofsanlagen! Außerdem ist

anzumerken, dass ausschließlich auf dem St.Georgen-/St. Parochialfriedhof und auf der Erweiterung des St. Marien-/St. Nikolai-Friedhofs seit fünfundzwanzig Jahren wieder Beisetzungen statt finden. Auf dem älteren Teil dieses Friedhofs, innerhalb der ehemaligen Akzisemauer, fanden in den letzten Jahrzehnten nur noch Ausnahmebeisetzungen statt. Deshalb macht es auch wenig Sinn, wenn behauptet wird, dass in der Kapelle auf diesem alten Teil noch Beisetzungsfeiern statt finden, denn dann müssten Urne/Sarg und Trauergäste erst aus dem Friedhof hinaus auf die Prenzlauer Allee, dann weiter über die Straße Prenzlauer Berg bis zur Greifswalder Straße und von dort hinein über den St. Georgen-/St. Parochialfriedhof ziehen. Das macht in meinen Augen wenig Sinn.

2. zur Hochbahn ... schade dass das Wort "Magistratsschirm" dabei nicht vorkam. Stahl gibt's seit der Eisenzeit. Im Gegensatz zu reinem Eisen ist Stahl eine Legierung aus Eisen und Kohlenstoff. Eisen allein ist zwar härter als Kupfer oder Bronze, aber es ist spröde und splittert deshalb sehr, sehr leicht. Der Kohlenstoff macht das Eisen erst elastisch und diese Elastizität braucht man für Messer, Säbel, Klingen, Äxte, Fahrzeugrahmen, Brücken, Bahnschienen, Kanonen, Armierungsdraht, Bürsten usw. Für Rad- und Fassbeschläge reicht dagegen pures Eisen. Schon die Römer haben Stahl in großen Mengen eingesetzt, für Waffen oder Nägel. Die japanischen Samurai

setzten Stahl für ihre Schwerter ein. Der Grund für den Bau der Hochbahn in der Schönhauser Allee war ein rein finanzieller. Für die "Unterpflasterbahn" (nichts anderes sind die meisten U-Bahnstrecken in Berlin) hätte man Unmengen an Erdreich damals mit Pferdekarren bewegen und aus der Stadt heraus schaffen müssen. Eine Hochbahn ist dagegen viel billiger. Die erste Berliner Hochbahn aus Richtung Gleisdreieck ging nur deshalb kurz vor dem Wittenbergplatz in den Untergrund, weil die reichen Berliner Vororte Schöneberg und Charlottenburg das bezahlt haben. Die Strecke ab Potsdamer bis Senefelder Platz folgt alten Straßenzügen. Eine Hochbahn dort wäre teilweise höher gewesen, als die Bebauung durch die umgebenden Häuser jener Zeit. Wie gesagt, eine Hochbahn ist billiger zu bauen und auch billiger in den Folgejahren zur warten, als eine Unterpflasterbahn.

*Offensichtlich wenig sichtlich – 23 – Version 2*
*kleine Rätselrunde geschrieben am 2.5.2023*

Liebe Leser, nicht immer recherchieren wir hier in dieser Zeitung sauber und manches scheint mit heißer Nadel gestrickt. Deshalb möchte ich in dieser Ausgabe einmal ein paar kurze Geschichtchen zum Besten geben und Sie als treue Leser einfach raten lassen, ob die so stimmen.
Sicherlich wird Ihnen aufgefallen sein, dass nach Folge 22 plötzlich Folge 24 dieser Serie kommt. Der Grund

ist ganz einfach! Die Folge 23 ist in meinem Giftschrank gelandet[16] und wird erst eines Tages in einem meiner Bücher veröffentlicht.

Und da sind wir schon bei Veröffentlichungen. Wohl kaum jemand weiß, dass im Café an der Gneiststraße Ecke Pappelallee 1994 Bruce Springsteen und Wolfgang Niedecken ein kleines, öffentliches Konzert gegeben haben, das die Basis für das Video „Hungry Hearts" war.

Apropos Hunger, auf dem „alten Schlachthof" wurden wegen des „Schlachtzwanggesetzes" in Preußen von 1882 bis 1991 Tiere geschlachtet. Aber hieß dieses Areal überhaupt „Alter Schlachthof"? Und wo sollte diese Einrichtung denn ursprünglich mal entstehen? Das war doch im Wedding, oder in Spandau, oder in Kötzschenbroda oder täusche ich mich?

War die Hochbahn, der „Magistratsschirm", wie in der letzten Ausgabe beschrieben, deshalb gebaut worden, weil etwa ab 1900 Stahl billig herzustellen war, oder war das eine „Ente"? Viele nennen die U-Bahn in unserer Stadt auch „Unterpflasterbahn" oder „nach Berliner Art". Nach welchem Gesetz ist denn die Strecke in der Schönhauser Allee gebaut? Nach brandenburger Eisenbahn- oder nach preußischem Straßenbahngesetz?

Einige Leser haben nach der letzten Ausgabe auch vergeblich die Erweiterung des St. Marienfriedhofs gesucht und gar festgestellt, dass der Brauereibesitzer

---

16 ... ist sie ja nun doch nicht ... und die Folge 23 erschien
   schließlich, aber als komplett neuer Text

Bötzow gar nicht dort liegt, wo er liegen soll! Wo ist der denn hin?

Einige von Ihnen haben sicher auch noch die zweiachsigen kleinen und die vierachsigen Großraumwagen der Straßenbahn in Erinnerung, die so herrlich quietschten. Die Vierachser kamen aus Gotha und alle je gebauten Fahrzeuge der Großen samt Beiwagen landeten letztlich in Berlin. Aber woher kamen die Zweiachser? Die wurden ja auch als Gothaer bezeichnet. Aber kamen die tatsächlich da her oder waren es nicht vielmehr im S-Bahn-RAW Schöneweide modernisierte Vorkriegszüge der Baujahre 1924 und 1927 oder gar noch ältere?

Nochmal zur Pappelallee zurück. In der ehemaligen Musikschule, die damals in der einstigen Malzbierbrauerei untergebracht war, unterrichtete wer? Wolf Biermann? Bis zu seiner Ausbürgerung aus der DDR? Standen eigentlich jemals Pappeln in der Pappelallee?

Trieb sich Udo Lindenberg hin und wieder als Privatperson am Prenzlauer Berg herum? Wenn ja, wo war er denn da öfter anzutreffen? Im „Café Nord" an der Wichertstr. / Schönhauser Allee, in der „Bärensiegelbrauerei" Krüger- / Gudvanger Straße oder in der Kneipe „Zum Strohhut Emil" an der Greifswalder / Bernhard-Lichtenberg-Str.?

Und was ist überhaupt „Berliner Weiße"? Ein schützenswertes, regionales Kulturgut? Das erste Biermischgetränk der Welt? Oder kam die Berliner Weiße zusammen mit Coca-Cola 1929 aus den USA?

Was machte man denn mit der überschüssigen Kohlensäure, die früher beim Brauprozess entstand? Und was ist der Unterschied zwischen Malzbier und Malztrunk? Wurde in Berlin eigentlich mal darüber nachgedacht, eine Schwebebahn nach Wuppertaler Vorbild zu bauen? Was sind denn die Unterschiede zwischen den Systemen in Wuppertal und in Düsseldorf? Ich werde das alles in den nächsten Ausgaben mal nach und nach aufklären.

*Offensichtlich wenig sichtlich – 23 – Fassung 3*
*Stedinger Weg geschrieben am 12.5.2023*

Liebe Leser, nicht immer recherchieren wir hier in dieser Zeitung sauber und manches scheint mit heißer Nadel gestrickt, so wie in der letzten Ausgabe. Deshalb baue ich ab dieser Ausgabe künftig nun in jeder Folge dieser Reihe absichtlich einen oder zwei Fehler in MEINE Artikel mit ein, den oder die ich dann im nächsten Monat auflöse. [17]
Über diesen zauberhaften, wunderbaren Kiez heute habe ich bereits ein paar mal geschrieben. Anwohner nennen ihn „Blumenviertel", weil es dort u.a. Namen wie Chrysanthemen- oder Oleanderstraße gibt. Er passt so gar nicht zur dichten Bebauung des inneren Bereichs einer europäischen Hauptstadt. Das liegt auch daran, dass vom Berliner Stadtzentrum aus Richtung Osten, bis zur Gründung von Groß-Berlin

---

17 ... das tu ich natürlich nun nicht ...

am 1. Oktober 1920 dies hier das „Berliner Weichbild"
war und die Stadt unweit davon endete. Den Namen
trägt der Stedinger Weg seit dem 27. Februar 1936 und
hieß davor „Straße 41". Stedingen ist ein Landstrich in
Niedersachsen. Dass die Straße ihren Namen bisher
behielt liegt daran, dass die DDR den „Stedinger
Krieg" 1233 – 1234 zum „Bauernkrieg" hochstilisierte.
Der Stedinger Weg endet in der Sigridstraße. Diese
hieß bis zum 23. März 1923 „Straße 21b". In Richtung
Kniprodestraße zweigt nach etwa 50 m der
Süderbrokweg vom Stedinger Weg in einem Winkel
von etwa 60 Grad ab. Beide Straßen bilden an dieser
Abzweigung einen gleichschenklig-dreieckigen Platz.
Dieser entstand, weil einer alten Berliner Sage nach an
eben dieser Stelle der damals noch pubertierende,
spätere Wandalenkönig Geiserich im Jahr 397 mit
seinen Mannen auf der Flucht vor den Hunnen in
Richtung Andalusien hier für mehrere Nächte lagerte
und von hier aus die umliegenden Festungen der
Slawenfürsten plünderte.
Süderbrook (die Schreibweise mit zwei „O" ist hier
richtig) ist gleichfalls ein Ort in Niedersachsen, der mit
dem „Stedinger Krieg" zusammenhängt. Auch diese
Straße erhielt ihren Namen am 27. Februar 1936. Der
Steengrafen-, Ochtum- und Altenerscher Weg
ebenfalls, so dass dieser Teil des Blumenviertels
eigentlich „Stedinger Krieg Kiez" heißen könnte.
Der Stedinger Weg wurde bisher sehr gern von
Autofahrern als Schleichweg von der Kniprode- zur
Oderbruchstraße, in beiden Richtungen, benutzt. Um

so attraktiver wurde dieser, nachdem man die Asphaltdecke am Platz zum Süderbrokweg vor einigen Jahren erneuert hatte. Nicht nur „mal einzelne PKW" befuhren den Schleichweg in oft unangemessen hoher Geschwindigkeit, sondern es war ein Verkehr wie auf einer Hauptstraße, da von rechts in dem eigentlich verkehrsberuhigten Gebiet in Richtung Sigridstraße ja nichts kommen konnte. Seit Januar diesen Jahres ist damit Schluss, weil der Stedinger Weg ab Sigridstraße bis zum Süderbrokweg nun in diese Richtung Einbahnstraße ist. Da ist kein durchkommen in die Gegenrichtung. Um so mehr wird durch diesen Schleichweg nun in die entgegengesetzte Richtung, von der Oderbruch- zur Kniprodestraße „gebrettert". Es ist wohl nur noch eine Frage der Zeit, bis man durch Poller den durchgehenden Kraftfahrzeugverkehr, Radfahrer dürfen ja nach wie vor in beide Richtungen hier hindurch fahren, komplett diesen Schleichweg versperrt. Ungünstig ist diese Sperrung für Mopeds, sogenannte „Kleinkrafträder" die nur 45 km/h schaffen. Das links abbiegen von einer mehrspurigen Straße, wie z.B. der Storkower ist mit 45 km/h immer ein recht riskantes Wagnis.

*Unmittelbar nach Ablehnung auch dieses Artikels verfasster Anhang:*

Diese Fassung wurde abgelehnt, mit der Begründung, ich solle meine „... Rachegelüste nicht am Leser ausleben." Als Reaktion darauf hab ich in Fassung 4 die kompletten ersten beiden Absätze und den mit dem Wandalenkönig in der Textmitte ersatzlos gestrichen und folgende Info unter die E-Mail geschrieben: „Sehr schade! Da war nicht Rache meine Intention, sondern eher das Auffangen der unglaublich vielen Fehler der letzten Ausgabe in den Texten von Katharina und Dir, Micha, und das ganze in eine lustige neue Serie innerhalb meiner Serie drehen wollen. 397 gab es noch gar kein Berlin, wie sollte also eine Berliner Sage zu Wandalenkönig Geiserich da existieren? In der nächsten Ausgabe hätte ich Udo Lindenberg in einer niemals existierenden Brauerei an einem niemals am Prenzlauer Berg existierenden Platz als Braumeister arbeiten lassen.

In der darauf folgenden hätte ich Bruce Springsteen in der Pappelallee auftreten lassen ... ach so, das stimmt ja sogar ... Im August wäre der Teich im Thälmannpark in einem Einschlagskrater, der aus einem hier 1986 eingeschlagenen Meteoriten entstanden ist, usw. Lass die Leser grübeln. Raten macht ihnen Spaß ... und wir übertünchen damit unsere richtigen Textfehlerinhalte.

Bau einen Lila-Elefanten und lass dadurch den versehentlich grünen Ziegenbock durch.

Das war meine Idee dahinter. Schade! …

Das Original zum Text von Seite 20

9.3.2023 - 1.05 Uhr